U0587214

教师的语言

张哲 著

苏州新闻出版集团
古吴轩出版社

图书在版编目（CIP）数据

教师的语言 / 张哲著. -- 苏州 ： 古吴轩出版社,
2024. 12. -- ISBN 978-7-5546-2511-8

Ⅰ．G42

中国国家版本馆CIP数据核字第2024G5E745号

责任编辑：张雨蕊
见习编辑：李碧璠
策　　划：汲鑫欣
装帧设计：焱　玖

书　　名：**教师的语言**
著　　者：张　哲
出版发行：苏州新闻出版集团
　　　　　古吴轩出版社
　　　　　地址：苏州市八达街118号苏州新闻大厦30F
　　　　　电话：0512-65233679　　邮编：215123
出 版 人：王乐飞
印　　刷：水印书香（唐山）印刷有限公司
开　　本：670mm×950mm　　1/16
印　　张：11
字　　数：115千字
版　　次：2024年12月第1版
印　　次：2024年12月第1次印刷
书　　号：ISBN 978-7-5546-2511-8
定　　价：46.00元

如有印装质量问题，请与印刷厂联系。0318-5695320

　　教育，宛如一座宏伟的大厦，教师的语言恰似构建这座大厦的基石与梁柱。在校园的每一寸空间、课堂的每一个瞬间，教师的语言都如灵动的音符，奏响知识的乐章，传递情感的温度，深刻影响着学生的成长。当今，教育环境多元化，学生个性丰富、需求多样，教师如何运用语言与学生进行有效沟通，已成为教育领域的关键课题。

　　我们不难察觉，学生在不同的语言环境中会呈现出截然不同的状态。当教师以鼓励的话语激励学生时，他们宛如沐浴在春日暖阳下的花朵，绽放自信的光芒；当教师通过温暖的语言耐心引导学生时，他们便如航船在灯塔指引下穿越迷雾，在学习的困境中找到突破的方向。反之，若教师言辞不当，学生可能会心生抵触，犹如幼苗遭遇寒霜。

　　教师的语言不仅在与学生的交流中起着关键作用，在与家长、同事以及领导的沟通中亦不可或缺。与家长的良好沟通，犹如为学生的成长搭建起的一座坚固的桥梁，凝聚家校共育的强大合力；与同事的和谐交流，仿佛在校园中营造出的一片繁茂的森林，积极的工作氛围如清新的空气弥漫其间；与领导的有效沟通，则如同为教育工作的航船校准了罗盘，确保其沿着正确的方向稳步前进。

本书的创作初衷，是深入探寻教师的语言在教育过程中的重要意义与独特艺术魅力，为广大教育工作者呈上一份实用且富有启示的指南。具体而言，就是助力教师掌握与学生沟通的精妙技巧，能够运用温暖、鼓励和智慧的语言，点燃学生的学习热情，激发学生的无限潜能，培育学生的良好品德，促进学生心理健康。同时，促使教师与家长进行深入且有效的沟通，双方携手为学生营造有利于成长的优质环境。此外，引导教师与同事和领导保持良好沟通，使每一位教师更好地融入教育团队，提高工作效率，提升职业满意度。

教师若能巧妙驾驭语言艺术，教育教学质量必将得到显著提升。更为重要的是，教师优美的言辞如春风化雨，在学生心田播下真善美的种子，为学生的未来奠定坚实的基础，引领学生走上光明的人生之路。

撰写本书时，我采用了理论与实践相结合的方法。一方面，深入学习并借鉴了教育心理学、语言学和沟通学等相关学科的理论知识，为探讨教师的语言艺术奠定了坚实的理论基础；另一方面，收集了大量真实的教育案例，通过对这些案例进行分析与解读，让读者更直观地感受教师语言的魅力与影响力。

本书共分为四个章节。第一章"与学生沟通的语言艺术"，深入剖析教师与学生沟通的技巧与方法，如倾听学生心声、运用鼓励式话术、针对不同类型学生的沟通策略等。第二章"与家长沟通的语言艺术"，重点介绍教师与家长沟通的要点与技巧，包括应对家长在班级群中的问题、处理家长的诉求和质疑等。第三章"与同事沟通的语言艺术"，详尽阐述教师与同事建立良好关系的方法，涵盖倾听、赞美、提建议等方面的技巧。第四章"与领导沟通的语言艺术"，为教师提供与领导沟通的实用策略，如汇报工作、回应领导问题、接受批评等方面的建议。

每个章节均由多个具体要点构成，通过丰富的案例与详细的分析，为读者呈现全面且深入的教师的语言艺术。期望读者在阅读本书的过程中，能结合自身教育实践，不断反思与总结，将书中的理论知识转化为实际行动，提升语言沟通能力，成为更加优秀的教育工作者。

总之，本书旨在为广大教师提供实用且富有启发性的指引，助力教师在教育舞台上，以能够打动人心的语言演绎精彩的教育篇章，为学生的成长与发展贡献智慧与力量。

第一章

与学生沟通的语言艺术

第二章

与家长沟通的语言艺术

第三章

与同事沟通的语言艺术

第四章

与领导沟通的语言艺术

第一章

与学生沟通的
语言艺术

01

倾听学生心声，促进双向沟通

有些学生在学校遇到问题时不敢与老师交流，甚至不敢与老师对视，因为他们对老师抱有莫名的恐惧，有些学生甚至会觉得老师不喜欢自己。

具体原因

1 学生受到持续批评而感到恐惧和压力，担心老师不喜欢自己。

2 受传统师道尊严观念影响而产生敬畏心理，学生对与老师的交流感到紧张。

3 学生的性格偏内向，不喜欢外露情绪和与人交往，倾向于回避与人沟通。

建立良好的师生关系对学生的成长至关重要。老师与学生建立互信和友谊，能更了解学生的需求，激发学生的学习兴趣，促进学生的身心健康，增强班级的凝聚力。那么，老师该如何与学生谈心呢？

老师应对

1 寻找一个切入点，拉近与学生的心理距离，这是建立积极、良好的师生关系的关键。比如，老师可以这样和学生说："周末的时候，不少家长在班级群分享了孩子在家里劳动的照片，特别好。我也看到了你妈妈发的照片，你除了在家里劳动，还和家人去了哪里，参加了什么有趣的活动吗？"

2 在谈心的过程中，老师要多留意学生的言语和行为。在与学生交谈时，老师要观察他的情绪和表情。如果发现他手上或腿上有伤痕，应该用关心的语气询问，并评估其是否有自我伤害的行为。

3 老师和学生第一次进行谈心时，可以采用小组式的方式进行，也就是将几个关系比较好的学生聚在一起，在轻松愉快的氛围下开启与他们的对话。老师还可以将表现优良和表现一般的学生搭配在一起，和他们同时进行沟通。但要注意，在沟通的过程中，老师不要对他们进行比较，而是着重于鼓励，肯定他们在不同方面的进步，倾听他们诉说目前在学习和生活上的困难。

师生沟通话术 💬

切入点型话术

老师A：小雨，我发现你最近上课总是没有精神，怎么了？×

学生：老师，没什么。

老师B：小雨，最近天气变化无常，你睡得好吗？√

学生：老师，我最近晚上老是睡不着。

关注行为型话术

老师A：最近看你很不爱说话，我能感觉到你不太开心，别太在意别人的眼光，把心思都放在学习上。×

老师B：老师注意到你的手上有些小划痕，但又不太像是无意中划破的，你能告诉老师这些划痕是怎么弄的吗？√

"小组式"谈话话术

老师A：你们几个总是在一起玩，彼此都互相了解，老师看你们最近总是偷偷聚在一起，有什么事吗？×

老师B：你们几个最近常在一起活动，我觉得你们都有很大的变化。冬冬最近作业比以前完成得好多了，明明的数学也比以前有了进步，乐乐也开朗了不少，那你们在一起都喜欢做什么呢？√

鼓励式话术，减轻学生心理压力

当遇到挫折的时候，有的学生会变得沮丧消沉，情绪低落，对自己失去信心，容易产生放弃的念头；有的学生会变得急躁易怒，情绪不稳定。

具体原因

1 学生自身经历有限，应对困难的经验不足，遇到挫折时容易陷入慌乱无措的状态。

2 学生对自己的期望过高，当现实与期望产生落差时，就会出现较大的心理波动。

3 周围环境缺乏足够的支持和鼓励，让学生感到孤立无援。

当学生遇到挫折，自信心不足时，老师的鼓励像一束光，能照亮他们内心的阴霾，帮助他们减少自我怀疑，慢慢找回信心，进而有动力去尝试解决问题。那么，老师该如何鼓励学生呢？

老师应对

1 善于发现学生的闪光点，让学生认识到自己的优秀之处，从而树立信心。比如，老师可以这样和学生说："你这次的作文写得很有创意，老师从你的文字中看到了独特的思维和丰富的想象力，特别好！"

2 始终以尊重的态度对待学生，包括认真回应学生幼稚的问题和离谱的幻想。鼓励学生尽情表达自己的想法和感受，不随意打断他们。比如，老师可以这样和学生说："老师很想继续听听你的想法，不要着急，慢慢说。"

3 肯定学生的努力过程。学生在努力的过程中可能会遇到困难和挫折，如果他们的努力得到肯定，就会增强自信心，相信自己有能力克服困难。自信的学生更敢于表达自己的想法和观点，也更愿意与他人合作。比如，老师可以这样和学生说："这次实验虽然结果不太完美，但老师看到了你在准备过程中那么仔细认真，这就是最了不起的地方。"

4 帮助学生设定合理可实现的目标。当学生能够逐步实现这些目标时，自信心自然会增强。老师可以这样和学生说："咱们先定一个小目标，比如这周每天多背五个单词，老师相信你一定能做到，完成了这个目标就是很大的进步！"

5 用积极的语言为学生描绘美好的未来前景，激发他们的动力和信心。比如，老师可以这样和学生说："只要你保持这样的努力劲头，将来你一定能考上理想的大学，从事自己喜欢的工作，过上想要的生活。"

6 鼓励学生与自己进行比较，看到自己的成长和进步。老师可以这样和学生说："你看，和上个月相比，你这次数学成绩有了明显的提高，这都是你努力的成果，继续加油！"

7 与学生分享一些名人克服困难的故事，让学生明白挫折是成长的必经之路。比如，老师可以这样和学生说："爱迪生经历了无数次失败才发明了电灯，你现在遇到的这点挫折算不得什么，老师相信你能像他一样坚持下去的！"

8 当学生取得一点进步时，老师要及时给予具体而真诚的表扬。比如，老师可以说："这次你的作业书写特别工整，老师能看出你是用心在写，继续保持！"

师生沟通话术

赞赏肯定型话术

老师A：你只要上课积极发言，一定会有进步。×

学生：老师，我知道了。

老师B：你今天课堂上的发言，观点既清晰又新颖，老师特别欣赏你的这种思考能力。√

学生：老师，真的吗？那我下次还要提前预习。

尊重倾听型话术

学生：老师，我对宇宙特别感兴趣，我以后想专门研究宇宙的奥秘。

老师A：你现在最重要的是把精力放在提高考试成绩上。×

学生：老师，我对宇宙特别感兴趣，我以后想专门研究宇宙的奥秘。

老师B：以自己的爱好为职业是人生最幸福的事，你最喜欢宇宙奥秘的哪个领域？√

认同褒扬型话术

老师A：我知道这次考试前你很努力复习了，保持住，下次会取得好成绩。×

学生：嗯。

老师B：这次成绩虽然提高得不多，但是你在复习过程中的专注和投入老师都看在眼里，这比成绩更重要，在老师心中你已经达到目标了。√

学生：老师，我差一点就绝望了，谢谢您！

用"废话"做调味剂，打破学生的心理防线

　　有些学生自制力比较差，容易沉溺于电视或网络中，导致他们既不能很好地完成学习任务，又很难集中注意力，从而影响学习成绩。

具体原因

　　1 学生缺乏明确的学习目标和人生规划，容易在娱乐中迷失方向，找不到努力学习的动力。

　　2 家庭监督和引导缺失，没有营造良好的学习氛围，不注重学生习惯的培养。

　　3 学生自身意志力薄弱，面对电视和网络的诱惑难以自制，不能有效地进行自我约束和管理。

　　当学生沉溺于电视或网络时，老师通过有效的沟通，可以让他们清晰地认识到这种沉溺行为对自己的危害，从而唤醒他们内心想

要改变的渴望。那么，老师该如何与学生沟通呢？

老师应对

1 老师要以一种亲切、平等的态度与学生展开对话。老师可以这样说："老师知道现在电视和手机确实很有吸引力，但老师也想知道它们对你的具体影响。比如，你在看电视或玩手机的时候，是不是会觉得时间过得特别快？你有没有因为看电视或者玩手机而耽误过其他事情？"

2 经常和学生交流，了解学生的思想动态，多用"废话"拉近与学生之间的距离。比如，老师可以这样说："我看你的朋友圈里发了一条关于人工智能的链接，这项技术可以影响游戏的发展吗？"

3 积极鼓励学生参与各类课外活动，培养学生多元的兴趣爱好，进而充实学生的课余生活。

4 在与学生沟通时，老师要给予他们充分表达的机会，认真倾听他们的想法和感受。老师可以说："老师很想听听你对于沉溺于电视或网络这件事的看法。你觉得自己为什么会这么喜欢电视或网络呢？是因为觉得在那里能找到一种放松的感觉，还是有其他的原因？"

5 老师可以用一些假设性的问题引导学生思考沉溺于电视或网络的后果。例如："假如因为沉溺于电视或网络，你的成绩一直下降，考不上理想的学校，你以后会后悔吗？"

6 老师可以与学生分享一些自己或者身边人的类似经历以及改

变的过程，让学生明白改变是有可能的。

7 老师可以与学生一起制订合理的时间管理计划，让他们学会合理分配时间。老师可以这样说："咱们一起来制订一个时间表，比如每天只能看一个小时的电视或者玩半个小时的游戏，剩下的时间用来学习和参加活动，你觉得怎么样？"

8 老师可以鼓励学生设定一个短期的小目标，并监督其执行。比如："这一周我们先试着减少玩游戏的时间，每天少玩十分钟，能做到吗？老师会陪着你完成每天的打卡。"

师生沟通话术

平等沟通型话术

老师A：冬冬，最近你上课老是走神，而且有时候爱在自习课上睡觉，是怎么回事？你是不是每天都花很长时间玩游戏？ ×

学生：老师，没有。

老师B：冬冬，老师想和你好好聊聊，咱们来谈谈你现在的学习和生活状态，特别是关于玩游戏的一些感受。老师明确地告诉你，这次谈话不是批评你，老师只是很想知道你现在的真实情况。√

学生：嗯，好的。

兴趣引导型话术

老师A：你有空多关注些现代最新的科技发展。×

学生：好。

老师B：量子计算的超强计算能力你知道吗？以后可能会让游戏有更大变化。√

学生：是吗？老师，什么是量子计算？

启发型话术

老师A：你不要总是把时间浪费在打游戏上，可以多参加一些课外活动。×

学生：老师，我知道了。

老师B：你不要总是局限在小小的一方天地里，可以参加一些你感兴趣的课外活动，你会发现一个全新的自己。√

学生：老师，你有推荐的课外活动吗？

用否定句表达观点，帮助孤僻学生接受建议

　　性格孤僻、不合群的孩子不仅脱离了周围的朋友，而且容易形成自卑的性格。他们在与人交谈时，言语不多，回答简短，甚至有时会回避他人的目光和话题。

具体原因

　　1 有些学生本身具有内向特质，他们更爱独处与独自思考，致使其社交能力欠佳。

　　2 有些学生可能存在社交焦虑，对与他人建立联系充满紧张和焦虑情绪，从而显得性格孤僻、不合群。

　　3 有些学生曾有过如被歧视、被欺凌、被排斥等负面社交经历，这些经历使其变得孤僻，并对人际关系失去信任。

　　老师与性格孤僻、不合群的学生多沟通，不仅能深入了解学生的内心，让学生感受到关心从而打开心扉，还能帮助学生克服社交恐惧，提升社交能力。那么，老师该如何与这样的学生沟通呢？

1 从细节入手。老师可以温和地对学生说："你肯定不觉得这或晴或阴的天气会影响我们的心情吧，但其实有时候一些看似微不足道的小事情，比如一片飘落的树叶、一朵绽放的小花，都可能给我们带来不一样的感受。只要我们用心去观察和体会，就能发现生活中那些容易被忽视的美好。"老师通过这样细致且富有引导性的话语，引导性格孤僻、不合群的学生更多地去关注身边的细微之处，逐渐打开他们的心扉，帮助他们感知外界的美好。

2 给予情感支持。老师可以真诚地对学生说："你很像小时候的我，那时的我也不爱多说话，喜欢沉浸在自己的小世界里。但那个时候，我内心深处其实很渴望有个人能陪伴在我身边，倾听我的想法，分享我的喜怒哀乐。现在，老师愿意成为那个陪伴你的人。"如此，让学生深切地感受到老师的真诚和持续的关注。

3 激发学生的内在动力。老师可以充满鼓励地对学生说："你肯定觉得自己没办法做好这件事，或许你在心里已经给自己下了定论。但老师要告诉你，我就是相信你能做得很出色！只要你愿意去尝试，迈出第一步，你就会发现自己拥有无限的可能。"以此来激发学生尝试的勇气和挑战自我的动力。

4 引导学生分享感受。老师可以耐心地对学生说："你肯定不想和老师聊你的想法，因为你觉得没人能真正理解你。但其实说出来可能会让你轻松很多，就像心里压着的石头被搬开了一样。老师会认真倾听，不会评判，只会给予你支持和建议。"以此来鼓励学生勇敢地表达内心的感受。

5 提出共同活动。老师可以热情地对学生说："你肯定觉得参加这次小组活动没什么意思，因为你认为这不过是在浪费时间。但说不定会有意外的收获呢！你可能会在活动中发现新的乐趣，结交到志同道合的朋友，或者学到一些从未接触过的知识和技能。"以此来引导学生参与集体活动。

6 建立信任关系。老师可以诚恳地对学生说："你肯定不认为老师能理解你的感受，觉得老师无法走进你的内心世界。但我真的很想努力去懂你，去感受你的喜怒哀乐，成为你可以信赖的人。只要你愿意给老师一个机会，我会慢慢靠近你。"让学生感受到老师想要与其建立信任的决心。

7 鼓励学生进行社交尝试。老师可以充满期待地对学生说："你肯定觉得主动和同学打招呼很难为情，害怕遭到拒绝或者不被回应。但勇敢迈出这一步也许会有惊喜呢！也许同学们会热情地回应你，你们会因此而展开一段美好的交流，甚至成为好朋友。"以此激励学生在社交上有小突破。

师生沟通话术 💬

细节引导型话术

老师A：君君，你要多参加集体活动，多与同学接触，这对你很重要。×

学生：嗯。

老师B：君君，看你今天没有参加小组活动，我猜你一定不喜欢这个活动内容，毕竟每个人都有自己独特的喜好。√

学生：老师，我确实不喜欢篮球，我喜欢二次元。

情感支持型话术

学生：老师，我想自己待一会儿。

老师A：失去亲人一定很痛苦，但你一定要坚强。×

学生：老师，我想自己待一会儿。

老师B：君君，亲人的离世肯定让你难以接受。我知道你现在不需要我，但我还是想陪你坐一会儿。√

认同褒扬型话术

老师A：课代表要给你补习英语，你没回应他。但是你要想当一名飞行员，一定要好好学习英语，以你现在的英语成绩，根本就不可能成为一名飞行员。×

学生：老师，我知道了。

老师B：我知道你不喜欢上英语课，也不喜欢英语。不过如果你连这些初级单词都不会，怎么能成为一名优秀的飞行员呢？毕竟飞行员和塔台交流是要求说英语的。君君，我不相信你会因为一门学科而放弃当飞行员的梦想。√

学生：老师，我怎么做才能学好英语呢？

05

用"假装你是……"句式，激发学生的灵感和自信

学生遇到困难时，常常会感到焦虑、烦躁，还可能乱发脾气。有的学生还会选择躲避困难或者过度依赖他人。这主要是因为学生经验不足，能力不够，心理承受力差，缺乏独立解决问题的意识和能力。

具体原因

1 有些学生可能由于知识储备不足、技能掌握不熟练等，在遇到困难时无法有效应对，从而产生焦虑、烦躁等情绪。

2 有些学生心理发展尚未完全成熟，缺乏应对压力和挫折的良好心理素质，面对困难时容易情绪波动。

3 有些学生平时遇到困难没有得到足够的引导和鼓励，缺乏独立解决问题的经验和信心，导致其遇到困难就容易出现不良表现。

让学生建立起积极的心态，以更乐观的态度看待学习与困难，提升他们面对挑战的勇气和毅力，这对学生的成长是非常重要的。那么，老师该如何与学生沟通呢？

老师应对

1 主动走近学习或生活遇到困难的学生，与他们建立同理心，尝试站在他们的角度去理解他们的困惑和挣扎。老师可以这样和他们沟通："老师知道你学习英语有些困难，你可以假装自己是外国人，现在正在学汉语，从基础开始，这样就不觉得高年级学这些简单的内容尴尬了。"

2 深入了解"问题"背后的原因。倾听学生内心深处的声音，从他们的言语中探寻蛛丝马迹，这样能够更准确地把握他们的需求和所处的困境，为他们提供更有针对性的支持和帮助。

3 尊重与鼓励并重。老师要尊重学生的个性和差异，允许他们表达自己的想法和感受。同时，也要关注学生的进步和成长，及时给予肯定和鼓励。

师生沟通话术 💬

问题剖析型话术

老师A：君君，你是不是因为父亲去北京工作，成绩才下滑的？✕

学生：也不是。

老师B：君君，假如你是你的父亲，在本地工作工资有限，又希望自己的孩子将来有足够的钱完成大学学业。你会像他一样，宁愿忍受孤独和面对很多困难，也要去外地工作吗？✓

学生：老师，这是因为我的父亲爱我，对吗？

认同褒扬型话术

老师A：君君，不要在班里处处过度表现自己，很多同学都和我反映这个问题了。✕

学生：我知道了。

老师B：君君，最近你在班级里的表现有些处处争锋，这让同学们感觉不太舒服。但这并不是在指责你，因为每个人对同一件事会有不同的理解，世界上也没有一个完美的人。你可以试着想象一下，假如你时刻假装自己是一个完美的人，那你会发现做每一件事都会特别辛苦。✓

学生：老师，我只是想更加优秀，让更多的同学喜欢我。

06

用"你只是认为做不到"句式，激励学生自信

　　学生总是不能够按时完成学习任务，老师批评了很多次，教育了很多次，但是学生总也不改。这可能是因为学生缺乏学习动力和学习兴趣，也可能是因为他们不清楚完成学习任务的重要性。

具体原因

　　1 学生可能没有明确的学习目标，不清楚学习能给自己带来什么好处，对知识和学习缺乏内在的渴望。

　　2 学生可能对学习任务涉及的知识理解不透彻，导致完成任务有些困难。

　　3 学生抗压能力弱，面对作业压力容易逃避或抵触。

　　帮助学生明确学习任务的意义和价值，从而激发他们内在的学习动力，让他们更愿意主动去完成学习任务，这对于提高学生的自信心非常重要。那么，老师该怎样和学生沟通呢？

老师应对

1 始终保持耐心和冷静。无论学生的情绪和反应多么激烈，老师都要努力克制住自己的情绪，以平和、包容的心态去面对他们。比如，老师可以这样和学生说："孩子，你想哭就哭出来，没关系的。但老师始终记得你上学期数学月考第五名的好成绩，这足以证明你的能力。这学期的数学难度确实有些提升，可这并不代表你真的做不到，你只是认为自己做不到罢了。老师相信你，只要调整好心态，找到方法，你一定能克服眼前的困难。"

2 明确表明意图并关注学生的情绪。老师要向学生强调，找他们谈话是为了给予他们帮助而非指责他们，以彻底打消他们的顾虑和抵触心理。若学生的情绪阻碍了沟通，要马上关注其情绪变化，给他们足够的时间和空间去释放情绪，并予以充分的理解和接纳。比如，老师可以这样和学生说："孩子，老师今天找你来，就是想和你一起找找解决问题的办法，而不是批评指责你。如果你现在觉得委屈或者难受，别憋着，先把情绪释放出来，老师会在这里陪着你。"

3 积极引导学生表达自己的想法并与学生一起解决问题。老师可以这样对学生说："孩子，你只是认为自己做不到，但老师清楚，你的数学逻辑思维是非常厉害的。咱们一起把数学基础打牢，老师会一直陪着你，给你提供指导和帮助，你的数学成绩肯定会大幅度提升，老师对你有信心。"

4 给予学生具体的建议和方法。老师可以这样说："孩子，你只是认为自己做不到，其实你很聪明的。就比如这次的英语背诵，你可以尝试先把文章分成小段，一段一段地背，这样记忆起来就会容易很多。背完之后再试着默写一下，可以加深印象。"

5 设定合理的目标和计划。老师可以这样说："孩子，你只是认为自己做不到，其实你是可以做到的，咱们先定一个切实可行的小目标。这周开始，每天多做一道数学题，持之以恒，积少成多，你很快就会发现自己的进步。只要坚持下去，一定会有惊喜的收获。"

6 鼓励学生自我反思。老师可以这样说："孩子，你只是认为自己做不到，但你好好想想，之前你在语文写作上遇到困难，是不是通过大量的阅读和勤奋的练习逐渐提高了？这次也是一样的道理，只要你肯努力，方法得当，一定能克服当前的难题。"

7 用成功案例激励学生。老师可以这样说："孩子，你只是认为自己做不到，但老师相信你能做到。咱们班的李明之前英语成绩也不理想，总是记不住单词，但他坚持每天早起背单词，现在英语成绩有了很大的进步。你和李明一样聪明、努力，只要你能坚持下去，肯定也能行的。"

8 肯定学生的努力和付出。老师可以这样说："孩子，你只是认为自己做不到，其实你每次做作业的时候都特别认真，这就是一个很好的开始。继续保持这样的态度和劲头，老师相信你会越来越好的，所有的困难都会被你一一克服。"

师生沟通话术 💬

共情型话术

学生：老师，您为什么老找我？

老师A：老师希望你能完成你的学习任务。×

学生：老师，您为什么老找我？

老师B：老师找你，你是不是觉得很委屈，还很生气？√

理解沟通型话术

学生：老师，为什么每科老师都找我？

老师A：你老是写不完作业是怎么回事？×

学生：老师，您为什么老找我？

老师B：老师找你是想帮助你，老师很想知道你在学习上遇到了什么困难。√

引导寻因型话术

老师A：君君，最近你是不是在家玩手机了？你每科作业都不能完成，老师会和你的父母一起监督你，让你戒掉手机游戏。×

学生：我知道了。

老师B：君君，听你母亲说你现在经常在家用手机玩游戏，是因为玩游戏的时间太多了，才没有时间完成作业吗？你也知道这样做不对，但却没办法戒掉手机，对吗？咱们一起想办法，一定会找到解决办法的。√

学生：老师，上次我考得特别不好，一下子就没自信了，所以才每天玩手机。

07

以具体式提问叩开学生心门，高效解决学生的问题

学生在学习过程中会遇到各种问题，比如注意力不集中、不能独立完成作业、顶撞老师、性格孤僻不合群等。老师可以通过鼓励、理解、尊重和引导等方式，找到学生的具体问题，并帮助学生解决这些问题。

具体原因

1 家庭中可能存在不良行为示范，导致学生出现问题。

2 社会文化、媒体和同伴群体等对学生的价值观和行为产生影响。

3 学生的心理健康状况也可能是导致上述问题的原因之一。

老师可以通过引导学生学会分析问题、寻找解决方案，来培养他们的独立思考和解决问题的能力。学生遇到问题时，老师应该如何帮助学生呢？

老师应对

1 认真倾听学生的问题。老师应该给予学生充分的时间和空间，让他们能够毫无保留地表达自己的问题和困惑。在倾听学生的问题时，老师务必要保持足够的耐心和专注，全神贯注地聆听，不要随意打断学生的发言，更不要急于给出解决方案。要让学生感受到老师是真心愿意倾听他们的心声，并为他们排忧解难的。比如，老师可以这样说："孩子，别着急，慢慢说，老师有的是时间听你讲，你把你心里的想法和遇到的难题都一五一十地告诉老师。"

2 分析具体问题产生的原因。在倾听完学生的表述后，老师应该耐心地帮助学生分析问题产生的原因。这能够帮助学生更清晰地理解问题的本质，从而为找到更有效的解决方案奠定基础。比如，老师可以这样对学生说："每位同学的优秀都不是与生俱来的，所以你不要过度焦虑于现在的成绩。老师看到了你在这次考试之前付出的所有努力，虽然最终没有达到你预期的分数，但是你的计算这次全部正确，这充分说明你在这方面已经有了非常显著的提升。咱们一起找找其他方面的原因，看看问题到底出在哪里。"

3 提供具体的建议和指导。在深入分析问题的原因后，老师可以为学生提供具有针对性和可操作性的建议和指导，切实帮助学生解决问题。比如，老师可以这样说："你母亲和老师说，你每天放学回家后都要学习到很晚，老师在想，是不是这个原因导致你睡眠不足，进而在上课的时候打瞌睡。你不妨试着调整一下作息，早点儿睡觉，把精力和注意力更多地用到白天的课堂上，看看这样是不是会提高你的学习效率和成绩。"

4 鼓励学生尝试新的方法。老师可以这样说："咱们一起分析了原因，也有了相应的解决方法，接下来就是实践了。这次咱们大胆地试一试，说不定会有意外的惊喜呢。老师一直相信你能行，只要勇敢迈出第一步！"

5 监督学生的改进过程。老师可以这样说："接下来的这段时间，老师会格外关注你的变化和进步。咱们一起看看这些方法是不是真的能帮到你，如果在实践的过程中有需要调整和改进的地方，咱们随时沟通交流，老师会一直陪着你。"

6 引导学生自我反思。老师可以这样说："咱们来好好想想，总结一下这段时间自己在哪些方面做得不错，哪些地方还需要进一步改进和完善。通过这样的反思，以后再遇到类似的问题，你就能够更加从容地应对了。"

7 培养学生的预防意识。老师可以这样说："这次问题的解决是个很好的开始，以后咱们要学会提前预防类似问题的出现。比如，每天提前做好合理的学习计划，安排得井井有条，这样就不容易出现作业做不完或者时间不够用的情况。"

8 给予学生及时的反馈和肯定。老师可以这样鼓励学生："这几天老师特别留意了你的表现，发现你按照咱们之前说的去做有了很大的进步，这太棒了！要继续保持这样积极的状态！你的每一分努力老师都看在眼里，老师为你感到骄傲。"

9 帮助学生建立长期的规划。老师可以这样说："咱们不能仅仅满足于解决眼前的问题，还要把目光放长远，好好想想未来。比如，你以后想考什么样的大学，从事什么样的工作，现在所做的每一分努力都是在为实现那个远大的目标打基础，所以要一步一个脚印，踏踏实实地前进。"

10 强调坚持的重要性。老师可以这样引导学生："解决问题不是一件轻而易举的事情，中间可能会遇到各种各样的困难和挫折，但只要你坚定信念，坚持不懈地努力下去，就一定能够成功。这就像跑马拉松，只有坚持到最后的人才是真正的胜利者。老师相信你有这样的毅力和决心！"

师生沟通话术

学习压力询问型话术

老师A：最近你的成绩有所下滑，是什么原因呢？ ×

老师B：最近看你比较焦虑，看来你的学习压力比较大。能否告诉老师你在学习上遇到了什么困难呢？ √

人际关系询问型话术

老师A：最近看你情绪不好，怎么回事？ ×

老师B：最近下课或者在活动的时候，你总是一个人独处，是和同学或同伴产生矛盾了吗？ √

生活习惯询问型话术

老师A：你最近心情怎么样？有没有什么不开心的事？ ×

老师B：我看到你这两天上课注意力不集中，老爱打瞌睡，这几天都是几点睡觉的呢？ √

08

用"过去谈过去，现在谈展望"，帮助学生建立希望

缺少成功体验的学生容易悲观失望，他们眼神迷茫，情绪低落，甚至还会影响到其他学生。老师在教育学生的过程中，需要持续关注和适当地提醒这类学生。

具体原因

1 周围人对学生的负面评价过多，使其自信心受挫，认为自己无法成功。

2 学生可能在某些方面确实存在能力上的欠缺，如学习能力、社交能力等，导致其在各种活动中难以取得成功。

3 学生在面对困难和挑战时，没有得到正确的方法指导和心理支持，无法有效克服困难和挑战。

成功的体验能激发学生对学习和探索的兴趣，提高他们学习的积极性和主动性。所以，对待缺乏成功体验的学生，老师要制订相应的教育策略。

老师应对

1 回顾过去，找寻根源。深入了解学生过去的经历和表现，包括他们在学习、生活中的种种挫折和失败。比如，老师可以与学生这样坦诚地交流："还记得上次运动会你报名的跑步项目吗？虽然那次你没能拿到名次，但老师觉得你已经很努力了。可能是你平时训练的方法不太对，咱们一起分析原因并努力找到解决办法，下次你肯定能进步。"

2 立足现在，建立自信。在当下的学习和生活中，关注学生的每一个小进步和小成就，及时给予他们肯定和鼓励。比如，老师可以这样说："我发现你画画很有天赋，最近学校有个美术展览，老师推荐你参加，把你的作品展示给更多人看，我相信你一定能行！"

3 展望未来，设定目标。基于学生当前的进步和状态，与他们一起探讨未来的发展方向，设定明确且可实现的目标。引导学生想象未来成功的场景，激发他们为实现目标而努力的动力。比如，老师可以这样和学生交流："你最近在英语口语上的进步很明显，想象一下未来：你能用流利的英语和世界各地的人交流，是不是很棒？如果你现在每天多听一些英语原声材料，多模仿练习，一定会更好。"

师生沟通话术

探寻原因型话术

老师A：你的语文成绩需要提高。×

老师B：这学期你的语文成绩不太理想，老师想知道是因为背诵的难度增加了，还是有其他的什么原因。√

激励和期待型话术

老师A：你妈妈说你的口语不错，明天公开课你发言吧。×

老师B：班长和同学们都说你的口语不错，明天公开课老师希望你能举手发言，希望班上所有同学都能看到你的优秀。√

兴趣引导型话术

老师A：老师看你总是看汽车杂志，不要影响学习。×

老师B：老师关注到你特别喜欢看汽车杂志，如果你能考上理想中的大学和相关专业，老师坚信你能成为一名出色的汽车工程师。√

09

用"我们"增进师生关系

　　有逆反心理的学生，通常表现为频繁地大发脾气，与父母过度争吵，自己犯错或行为不当却责怪他人等。这些行为在许多场合都会出现，在家里和学校表现得尤其明显。

具体原因

　　1 青春期生理和心理变化。孩子身体迅速发育，自我意识增强，渴望独立和自主，容易对成人的管束产生反感。

　　2 可能存在心理问题，如焦虑、抑郁等心理障碍，导致其情绪不稳定和出现逆反行为。

　　3 社交问题，在与同学、朋友交往中可能遇到挫折，如被排斥、欺凌等，影响其情绪和行为。

　　多与有逆反心理的学生沟通，可以帮助他们调节情绪，缓解内心的冲突和压力，预防心理问题进一步恶化，促进其心理的健康成长。当学生情绪逆反时，老师应该如何与学生沟通呢？

老师应对

1 与学生建立信任关系。在与有逆反心理的学生交流时，老师可以多分享一些自己在这个年龄段的类似经历，让学生感受到老师对他们的理解。多使用"我们"这样的词语进行表述，如"我们在这个年纪都可能会有类似的烦恼"，增强学生的亲近感和认同感，从而与学生建立起信任的桥梁。

2 为学生提供情绪宣泄的渠道。为学生创造一个安全、包容的环境，让他们能够自由地表达自己的情绪和想法。当学生发脾气或拒绝交流时，老师不要急于批评或指责，而是耐心等待，待其情绪稍微稳定后，用平和的语气引导他们。比如，老师可以这样说："我们一起想想怎么解决这个问题。"以此来引导学生共同探讨应对方法。

3 组织团体活动。针对学生可能存在的社交问题，老师可以组织一些团体活动。在活动中，老师鼓励有逆反心理的学生积极参与，发挥自己的优势，同时引导他们学会与他人合作和沟通，帮助他们改善人际关系。比如，老师可以这样说："我们是一个团队，要一起努力。"以此来增强学生的团队意识和归属感。

4 当学生在某些方面取得了进步或者表现良好时，老师要及时且充分地给予肯定和赞扬。比如，老师可以这样说："孩子，我们所有人都真切地看到了你的努力和进步，这是非常了不起的。继续保持这样积极向上的状态，你一定会取得更大的成就，变得更加出色！”

5 老师可以和学生一起深入探讨他们未来的发展方向，并协助他们制订切实可行且具有一定挑战性的目标。比如，老师可以这样说："孩子，静下心来好好想想，为了实现你心中那个美好的梦想，我们可以先制订一个小小的、能够通过努力实现的目标，一步一个脚印地朝着梦想前进。"

6 引导学生换位思考。当学生与他人产生冲突时，老师要耐心引导他们学会从对方的角度去思考问题，培养他们的同理心。比如，老师可以说："孩子，我们试着换个角度想想。如果你处在对方的位置，遇到了这样的情况，你会是什么样的感受呢？"

7 分享正面案例。老师可以讲述一些成功克服逆反心理的真实案例，用这些榜样的力量激励学生做出积极的改变。比如，老师可以说："孩子，之前有个同学和你一样，有着很强烈的逆反心理。但是后来，他意识到了自身存在的问题，便努力调整了自己的心态，现在发展得特别好，成为大家都称赞的榜样。我相信你也会像他一样，做得更好的！"

8 关注学生的兴趣爱好。老师要以学生的兴趣为切入点展开亲切的交流，激发他们的积极性和主动性。比如，老师可以说："孩子，我发现你对绘画有着浓厚的兴趣和独特的天赋，我们一起开动脑筋想想，怎么把这个爱好发展得更好，说不定将来你能成为一名优秀的画家呢。"

9 共同制订规则。在班级管理中，老师要与学生一起平等地商量并制订规则，让学生充分感受到自己的价值和责任感。比如，老师可以说："孩子们，我们一起来制订一些大家都愿意遵守、能够让班级更加和谐有序的规则，让我们的班级成为一个温暖、团结的大家庭。"

10 表达对学生的期待。老师要用充满信任和期待的语气与学生进行交流，让学生感受到老师的关爱和鼓励。比如，老师可以说："孩子，我和你的父母一直都无比相信你有足够的能力克服眼前的困难，战胜自己的逆反心理，成为一个更加成熟、更加优秀的自己。老师会一直在你身边支持你！"

师生沟通话术

情感共鸣型话术

老师A：你今天怎么和生物老师发生了那么激烈的争吵？ ✕

老师B：今天生物课上你的情绪有点激动。我上学的时候，也曾因为委屈而与老师发生争吵。我们都会有这样的烦恼，所以我理解你当时的心情。 ✓

情绪疏导型话术

老师A：你最近情绪怎么这么暴躁？ ×

老师B：我想你最近肯定发生了什么事情，能和老师说说吗？我们一起来解决。√

协作引导型话术

老师A：要和同学多沟通、多合作，知道吗？ ×

老师B：这次演讲比赛我们班要想取得好成绩，需要大家一起努力，更需要你充分发挥你的思辨能力，所以希望你能更好地融入团队。√

10

用"还没有……"句式，引导学生找到方法

与成人焦虑相比，儿童和青少年焦虑常常是隐匿的。一个重要的原因是，他们很少会主动向别人求助，也很少向父母倾诉自己的焦虑感受。

具体原因

1 过高的自我期望。学生对自己要求过高，总是担心达不到自己设定的标准，容易陷入焦虑。

2 缺乏应对挫折的能力。学生在成长过程中，如果没有接受过足够的挫折教育和应对困难的指导，当面对挫折和困难时，可能会因不知如何处理而感到焦虑。

3 学业压力。对成绩过度看重，使学生感到难以承受的压力，从而产生焦虑。

深入的沟通有助于老师了解孩子焦虑产生的原因，从而能够采

取针对性的措施来解决问题。当学生有焦虑的情绪时，老师应该如何与学生沟通呢？

老师应对

1 运用"还没有……"句式给予学生希望和动力。在与焦虑学生交流时，当学生表达对某件事情绝望，比如学生说，"老师，我这次考试成绩太差，根本没希望提高了"，老师可以这样回应："这只是一次考试，证明你实力的机会还没有结束，我们一起分析一下，看看能怎么改进。"

2 启发自我反思。引导学生思考导致焦虑的具体事件或情境，例如询问学生："你觉得这次让你感到焦虑的最主要原因是什么？"这样可以帮助他们更清晰地认识问题，从而为寻找改进方法奠定基础。

3 共同探索改进方法。与学生一起探讨可能的改进方法，鼓励学生提出自己的想法，老师给予补充和完善。比如对于学习焦虑，老师可以与学生一起制订合理的学习计划，调整学习方法。在这个过程中，要不断强调"只要我们继续努力，一定能找到合适的方法"。

4 提供情绪释放渠道。老师可以温柔且耐心地对学生说："孩子，如果你现在感觉心里特别焦虑，暂时还没有找到合适又有效的方式来宣泄，那不妨试着把心里的想法和感受认真地写下来，让文字带走你的烦恼。或者去操场上尽情地跑几圈，让汗水带走你的压力和焦虑。"

5 鼓励社交支持。老师可以亲切地对学生说："孩子，你可能觉得自己现在特别焦虑、特别孤单。你试着多和同学们交流交流，分享彼此的喜怒哀乐，说不定在这个过程中，你的心情会变得好一些，焦虑也会慢慢减轻。"

6 培养兴趣，转移注意力。老师可以语重心长地对学生提出建议："孩子，我感觉你最近很焦虑。你不妨尝试培养一个新的兴趣爱好，比如充满创意的绘画，或者美妙动听的音乐之类的，说不定能让你忘却焦虑，沉浸在快乐之中。"

师生沟通话术

鼓励展望型话术

学生：我这次比赛成绩太差了。

老师A：你怎么这么没信心，这点挫折都受不了！×

学生：我这次比赛成绩太差了。

老师B：这只是一次预赛，比赛还没有结束，只要我们总结经验，改进不足，一定会在决赛中取得好成绩。√

安抚引导型话术

老师A：你和同学相处得不好，要好好想想为什么！×

老师B：我感觉到你和同学相处有问题，是不是交流方式需要调整？我们一起想办法。大家相处的时间还长，还有改善的空间。√

鼓励与启发型话术

老师A：你的数学作业要认真地完成。×

老师B：我看到你很努力地完成数学作业，但是错题还是很多。别灰心，你只是还没有找到正确的解题思路而已。√

11

换位思考，了解学生行为背后的真实想法

作为教育者，我们时常面临着各种挑战，其中，学生顶撞老师的情况尤为棘手。面对这样的情境，我们不仅要保持冷静，更要运用智慧和策略来化解冲突，维持良好的师生关系。

具体原因

1 青春期叛逆。青春期的学生自我意识较强，容易对老师的教导产生抵触情绪。

2 对老师的误解。学生可能对老师的教学方法、态度或行为有误解，从而产生不满情绪。

3 学生的个人问题。学生的个人问题，如心理健康问题、情感问题等，可能导致其情绪不稳定，进而与老师产生冲突。

通过深入地与学生交流，老师能够更清楚地了解导致学生顶撞行为的根本原因，从而有针对性地采取措施解决问题，避免类似情

况再次发生。那么老师应该如何做呢？

老师应对

1 营造安全氛围。当与顶撞老师的学生交流时，老师需要选择一个安静、无干扰的环境，比如单独的辅导室。老师以温和、亲切的语气开场，比如："君君，咱们来心平气和地聊聊之前的事。"这样可以让学生感到放松和安心，愿意敞开心扉交流。

2 深度自我剖析。老师在向学生解释自己的想法和立场之前，先要反思自己的行为是否存在不妥之处，并坦诚地与学生分享自己的思考过程。比如："君君，老师也反思了一下，可能在某些方面老师的处理方式不够好，老师先向你道个歉。"这样的沟通能够让学生感受到老师的真诚和谦逊，从而更愿意聆听老师的话。

3 共同寻找方案。在沟通的过程中，老师不仅要倾听学生的想法和意见，还要鼓励学生一起寻找解决问题的最佳方案。引导学生时，老师可以这样说："那咱们一起来想想，怎样才能避免类似的情况再次发生，让咱们的相处更愉快呢？"这样的沟通能够让学生感受到自己在解决问题中的重要性，增强他们的参与感和责任感。

4 给予情感支持。老师可以充满关怀地对学生说："君君，老师察觉到最近这段时间你可能面临着比较大的压力，所以情绪不太稳定。但是你要知道，老师非常愿意陪在你身边，和你一起面对这些困难，共同度过这个不太容易的阶段。"这样的沟通能够让学生真切地感受到老师的关心和爱护。

5 强调积极面。老师可以语重心长地对学生说："君君，虽然咱们这次产生了不太愉快的冲突，但换个角度想想，这未尝不是一个让咱们之间的关系更进一步的宝贵机会。通过这次冲突，老师能够更加深入地了解你的想法和感受，从而更好地帮助你。"帮助学生从负面的事件中看到积极的可能性和发展空间。

6 分享类似经历。老师可以与学生分享类似的经历，比如："君君，老师像你这么大的时候，也曾经和自己的老师有过冲突和矛盾。当时我也觉得很苦恼，但是后来我发现，只要好好地沟通交流，很多问题都能够迎刃而解。我相信你也可以做到的。"与学生分享亲身经历可以引发学生的共鸣，让学生觉得自己不是孤单的。

7 鼓励表达感受。老师可以耐心地引导学生，比如："君君，不管此刻你心里有着什么样的想法，不管是委屈、愤怒还是其他的感受，都可以大胆勇敢地说出来。老师向你保证，绝对不会责怪你，老师只想听到你的真实想法。"这样的沟通能够让学生毫无顾虑地倾诉自己内心最真实的想法和感受。

师生沟通话术 💬

温和倾听型话术

学生：老师，你根本就不理解我！

老师A：我怎么不理解你了？你就是在无理取闹！ ×

学生：老师，你根本就不理解我！

老师B：君君，先别激动，老师很想听听你的想法，咱们慢慢说。√

自我反思型话术

学生：我觉得你处理事情不公平！

老师A：我不公平？那你说说怎么个不公平法？ ×

学生：我觉得你处理事情不公平！

老师B：可能老师有些地方没考虑周全，让你有了这样的感受，你跟老师详细说一说。√

共情型话术

老师A：我批评你还不是为了你好！ ×

老师B：老师知道有时候严厉会让你感觉不好受，咱们一起想想有没有更好的方式能帮助你改正一些不好的习惯。√

12

用"第三人称"夸赞，有效改变学生厌学情绪

每个孩子的性格、兴趣爱好都是不同的。有些学生会产生厌学的情况，这时候，老师需要用一些巧妙的方法来引导他们重新找回学习的热情。

具体原因

1 缺乏学习目标。学生不清楚为什么要学习，没有明确的学习目标，就容易缺乏学习的动力。

2 对课程内容不感兴趣。某些学科的内容可能过于抽象、难以理解，或者与学生的实际生活联系不紧密，导致学生缺乏学习的热情。

3 过多地使用电子设备。沉迷于手机、电脑游戏等，分散了学生的注意力和精力，降低了学生对学习的兴趣。

深入的沟通有助于老师发现导致孩子厌学的具体原因，并为后续有针对性地解决问题提供依据。那么，老师该怎样与厌学的孩子

巧妙地沟通呢？

1 潜力挖掘。老师可以这样和学生说："我昨天和数学老师聊天，他说你其实特别聪明，思维很活跃，要是把心思放在学习上，肯定可以取得好成绩。"

2 找同学帮忙传达赞美。老师可以事先与一位和厌学学生关系较好的同学沟通好，让这位同学在适当的时候不经意地对厌学学生传达老师的赞美："我昨天听语文老师说你记忆力特别好，古诗看了两遍就能背下来，真厉害。"

3 与家长合作传递夸赞。比如可以让家长对厌学的学生这样说："今天你们班参加拔河比赛，即使双方力量悬殊，你作为队长都不放弃，班上同学都在夸赞你。老师说，你要是能把这个毅力用在学习上，那可不得了。"

4 课堂上公开表扬。老师可以在课堂上说："上次的物理实验，虽然大家都遇到了困难，但我发现小李同学一直坚持不懈地尝试，这种精神非常可贵。我相信，如果他能把这份坚持用到学习上，一定会有很大的进步。"

5 班会上侧面激励。在班会上，老师可以特意提出："咱们班的小王同学，上次参加社区志愿活动，表现得特别积极主动，社区的工作人员都对他赞不绝口。我觉得他要是在学习上也能这么积极，肯定能成为大家的榜样。"

6 偶遇时不经意地夸赞。老师在校园里偶遇厌学的学生，可以这样对他说："我刚从办公室出来，听到几位老师在谈论，说你上次的美术作品很有创意，你很有天赋。我觉得你在学习上也能找到你的兴趣，也一定可以取得好成绩。"

7 借助作业评语鼓励。老师在学生的作业本上可以这样写："小刘同学，我发现你最近的作业书写很认真，这说明你是有能力做好每一件事的。如果你能把这份认真用到各科学习中，一定会让人刮目相看的。"

8 家访时巧妙传达赞美。老师在家访时对学生说："我去隔壁班上课的时候，听到他们说你在体育课上的表现很棒，团队协作能力很强。要是能把这种团队精神用到学习上，你的成绩肯定会有飞跃。"

师生沟通话术

转述夸赞型话术

老师A：最近看你老请假，你可要注意了。提高成绩比任何事都重要。×

老师B：我看到你最近请假比较多，昨天语文老师还问，你们班记忆力很强的君君怎么没来上学。我想你在背诵上肯定很厉害。√

激发动力型话术

老师A：你最近怎么一上课就睡觉？ ✕

老师B：看到你最近上课老是睡觉，是休息不好吗？你同桌说你的数学思维能力特别强，问我该如何加强自己的思维能力超越你呢！ ✓

肯定激励型话术

老师A：你的作文最近怎么写得一塌糊涂？ ✕

老师B：你妈妈说你小学作文比赛获得过一等奖，证明你的作文基础肯定非常好，下堂作文课再努努力，只要有小小的进步就是成功。 ✓

13

表达期望，提升学生的学习动力

良好的沟通可以让老师和学生之间互相理解，并建立起友谊，还能帮助学生增强学习动力。可是，有些学生却抗拒和老师沟通。

具体原因

1 过去的不良经历。可能有过与其他老师沟通不顺利的经历，如被误解、被批评等，导致学生对与老师交流产生恐惧或抵触心理。

2 个性内向害羞。学生本身性格较为内向，不善于主动表达自己，在面对老师时更加紧张，难以开口。

3 害怕被评价。学生担心自己的想法和表现会受到老师的负面评价，从而选择保持沉默。

多与学生沟通，让学生感受到老师的真诚和善意，会为后续师生间更深入的交流奠定基础。老师要如何与学生谈话，才能让学生愿意靠近自己，并增加他们的学习动力呢？

老师应对

1 个性化设定期望。在与学生交流时，老师先深入了解学生的兴趣、优势和近期表现，然后有针对性地表达期望。例如："君君，你上次的历史作业完成得特别出色。老师期望你能在接下来的历史课上积极发言，带动同学们学习历史的兴趣。"

2 分阶段表达期望。根据学生的学习进度和学生能力，为学生设定短期期望和长期期望。比如，老师可以这样对学生说："君君，这一周你的数学作业正确率提高了不少，老师很欣慰。老师期望你接下来两周内能每天额外做一道数学拓展题，并在这次的数学月考中取得明显的进步。"

3 以榜样为导向提出期望。给学生讲述别人成功的故事，然后将对学生的期望与这些榜样联系起来。比如："君君，老师初中的时候学习很差，但是我的班主任没有放弃我，他肯定了我的能力，并向我推荐了好的学习方法，我后来也考上了理想的大学。所以，看到这次你在班级比赛中速记的能力，老师觉得你也可以通过更好的学习方法提高你的英语成绩。"

4 结合未来规划期望。老师可以语重心长地与学生深入探讨未来的职业理想或人生目标，然后将当前的学习与未来紧密联系起来，充满期待地表达期望。比如："君君，上次咱们交流的时候，你满怀憧憬地说未来想成为一名救死扶伤的医生，老师听了真的为你感到骄傲。要知道，医生这个职业需要扎实的知识基础，所以老师特别期望你能从现在开始，认真学好生物和化学这两门重要的学科，每一堂课都用心去听，每一次作业都用心去做，这样才能为你的梦想打下坚实无比的基础。"

5 以鼓励增强期望。老师在耐心地指出学生不足的同时，给予真诚的鼓励并满怀信心地表达期望。比如："君君，虽然这次你的语文作文因为审题的疏忽而有些跑题了，但老师在阅读你的作文的过程中，发现你的词汇量非常丰富，见解独特而新颖。老师特别期望你下次写作文之前，能够先认真仔细地审题，明确题目要求，然后充分发挥你的优势，老师相信你一定能写出一篇非常优秀的作文。"

6 借助集体氛围提出期望。老师可以利用班级的整体氛围和共同目标，对学生真诚地表达期望。比如："君君，咱们班这学期立志要成为全校的优秀班级，每一位同学都在为这个目标全力以赴地努力着。老师看到你在数学方面的突出优势，所以特别期望你能充分地发挥优势，主动帮助同学们解决数学难题，带领大家一起进步，为咱们班的荣誉共同拼搏。"

7 用信任传递期望。老师以无比坚定、充分信任的态度向学生表达深切的期望，让学生深深地感受到被信任的力量。比如："君君，老师一直都特别信任你。在老师的心里，你是一个有能力、有潜力的孩子。这次期末考试临近，老师期望你能自主合理地安排好复习计划，认真梳理知识点，查缺补漏。老师相信，你一定能在期末考试中充分展示你的实力，给大家一个惊喜。"

8 强调努力过程，提出期望。老师要格外关注学生的努力过程，而不仅仅关注最终的结果，以此诚恳地表达期望。比如："君君，老师一直都在默默地关注着你这段时间的努力，虽然目前成绩还没有特别明显的提升，但老师都看在眼里，记在心里。老师特别期望你能够继续坚持不懈地努力下去，因为努力的过程本身就无比珍贵，它见证了你的成长。老师坚信，只要你持之以恒，最终一定会收获令人满意的结果。"

9 联系生活实际，表达期望。老师将学习与学生丰富多彩的生活实际巧妙地相结合，亲切地表达期望。比如："君君，老师知道你特别喜欢旅游，喜欢去探索不同的地方，感受不一样的风景和文化。老师特别期望你能学好地理知识，了解各地的气候、地形、风土人情。这样以后出去旅游的时候，你就能更加深入地理解和欣赏所到之处的魅力，让每一次旅行都变得更加有意义，更加丰富多彩。"

师生沟通话术

期望设定型话术

老师A：大家都能学好，你也能学好。×

老师B：我知道你现在感到有些吃力，不过我观察到你在语文阅读上很有潜力。老师期望你每天能多读一篇文章，积累好词好句，说不定下个月的作文比赛你就能大放异彩。√

分段期望型话术

老师A：不要自暴自弃，你再努力努力。×

老师B：别灰心，你上次解那道难题时思路很清晰，只是计算出了点小差错。你这几天坚持做几道类似的题目巩固一下，我相信下周单元考的成绩一定会提高。✓

榜样激励型话术

老师A：多借鉴下学习好的同学的学习方法。×

老师B：迈克尔·乔丹当初被校队拒绝，但他没有气馁，而是付出更多的努力去练习。老师期待你在学习上遇到挫折时，能像他一样不放弃，加倍努力，那么你一定能够实现自己的目标。✓

14

用有建设性的特殊疑问句，引导学生反思其干扰课堂的行为

老师都希望自己的课堂纪律能够很好，但有个别学生会在课堂上为老师制造各种"意外"，如过度活跃、故意扰乱课堂纪律、搞恶作剧等，让老师措手不及。

具体原因

1 对学习内容感到困难或枯燥，以捣乱的方式逃避学习任务。

2 不懂得如何正确处理自己的情绪，如愤怒、沮丧等，通过扰乱课堂纪律来发泄。

3 身边有不良行为示范，如受同学或社会上某些人的不良影响，从而模仿他们的捣乱行为。

老师要在沟通中引导学生认识到自己行为的不当之处，促使他们主动改正，减少课堂捣乱的频率和程度。那么，当学生在课堂上捣乱时，老师该如何应对呢？

老师应对

1 老师要先自我克制，避免在情绪冲动下做出不恰当的反应。接下来，老师可以用具有建设性的特殊疑问句来引导学生反思自己的行为。例如："你模仿别人捣乱的时候，有没有想过自己其实可以做得更好，成为一个正面的榜样呢？"

2 转移注意力。如果个别学生的捣乱行为即将导致场面失控，老师可以走到他身边，轻轻拍拍他的肩膀，然后说："来，帮老师个忙。看看黑板上这个问题，你觉得应该怎么解决？"让学生的关注点从捣乱转移到思考问题上。

3 课后沟通。以温和的方式指出学生的错误，例如可以这样对学生说："老师知道你可能是一时冲动，但你在课上捣乱确实影响了其他同学学习，你觉得呢？"引导学生自己认识到错误。

4 设置奖励机制。老师可以充满期待地对学生说："孩子，老师知道有时候你可能控制不住自己的行为，但是老师相信你有改变的潜力。如果你能在接下来一周的时间里保持良好的课堂表现，老师会给你准备一个特别的小惊喜。你觉得凭借自己的努力能做到吗？老师相信你一定可以的。"老师通过这样的方式激励学生主动规范自己的行为。

5 引导学生自我反思。老师可以语重心长地问："孩子，当你在课堂上做出捣乱的行为时，有没有静下心来想一想，这其实会在很大程度上影响老师的教学进度，也会干扰到同学们的学习效果呢？老师希望你能认真思考一下这个问题。"老师通过这样的方式促使学生学会换位思考。

6 给予学生选择的机会。老师可以温和而严肃地说："孩子，现在老师给你一个选择。你是想继续在课堂上捣乱然后不可避免地受到批评，还是想好好表现，通过自己的努力得到老师和同学们的表扬呢？这个决定权在你自己手中，老师希望你能做出正确的选择。"老师通过这样的方式让学生自己决定接下来的行为。

7 强调集体影响。老师可以郑重地问："孩子，你要清楚，你的捣乱行为不仅仅是个人的问题，它可能会给咱们整个班级带来不良的影响，甚至让咱们整个班级失去参加一些有趣活动的宝贵机会。你认真想一想，是不是这样呢？"老师通过这样的方式让学生意识到自己的行为对集体产生的影响。

8 启发学生思考改正措施。老师可以耐心地问："孩子，既然我们已经认识到了在课堂上捣乱是不对的，那你好好想一想，自己要怎么做才能有效地避免下次再在课堂上出现捣乱的情况呢？老师相信你一定能想出好办法的。"老师通过这样的方式引导学生思考改正的措施。

师生沟通话术 💬

疑问设定型话术

老师A：你怎么总是这样捣乱？太影响别人了。×

老师B：你在课堂上这么做，有没有想过这样会让很多同学不喜欢你呢？√

转移问题型话术

老师A：别闹了，再闹我就通知你家长！×

老师B：（学生又开始捣乱，眼看场面要失控，老师走到他身边，轻轻拍拍他的肩膀）来，帮老师个忙，看看这道题还有没有其他解法。√

分析问题型话术

老师A：你就是故意捣乱，以后不许这样了！×

老师B：君君，老师注意到今天课堂上你躺在椅子上逗大家笑，是不是最近父母出差，你心里有些小情绪或者感到有些孤单，所以在课堂上才有这样的表现呢？老师能理解你可能需要一些关注，但咱们在课堂上还是要遵守纪律。课后要是作业上有不会的，老师随时都愿意帮助你。√

第二章

与家长沟通的语言艺术

01

建议家长"让孩子吃一次亏，解决忘带学习用品问题"

　　有些家长时常会在班级群里发消息说孩子忘记带学习用品了，然后急忙把学习用品火速送到学校，以免影响孩子一天的学习，家长这样做也让孩子产生了很强的依赖心理。

具体原因

　　1 家长出于对孩子的过度关爱，不忍心看到孩子因为忘带学习用品而在学校遭遇困难或受到批评。

　　2 家长可能认为这是一种快速解决问题的方式。

　　3 家长可能没有意识到培养孩子独立能力的重要性，只关注解决眼前的问题。

　　老师在班级群里提出明确的建议，可以让家长认识到过度包办对孩子成长的不利影响，从而改变家长总是替孩子解决问题的行为，也能够避免家长在班级群里发送关于学习用品的信息。那么，老师应该如何与家长正确地沟通呢？

老师应对

1 从培养孩子良好习惯的角度出发，让家长明白，只有让孩子自己承担后果，才能促使其养成提前准备学习用品的习惯。比如，老师可以这样在班级群里发消息："家长您好，一直给孩子送忘带的学习用品，孩子可能永远都不会养成提前检查书包的习惯。这次不送，让他意识到自己要为自己的疏忽承担责任，以后才能记得带全学习用品。"

2 让家长认识到过度帮忙的不良影响。比如，老师可以在班级群里这样回复家长："家长您好，一直为孩子送忘带的学习用品，可能会让孩子觉得您的帮助是理所当然的，以后更不注意整理学习用品。"

3 从孩子在同学心目中的形象角度出发，提醒家长过度帮忙对孩子社交形象的潜在不利影响，促使家长改变做法。老师可以在班级群里这样回复家长："总是帮孩子解决这个问题，容易让孩子在同学面前产生依赖他人的不良印象。这次让孩子独自面对，有助于他树立独立自主的形象。"

4 从培养孩子责任感的角度出发，让家长理解让孩子承担后果是为了增强其责任感。比如，老师在班级群里可以这样说："家长们，总是帮孩子送忘带的东西，孩子很难意识到自己对于学习的责任。这次让孩子承担一下忘带学习用品的后果，他才会明白自己要对准备学习用品这件事负责。"

5 从孩子心理成长的角度出发，让家长明白适度挫折对孩子心理成长的积极作用。老师可以这样说："家长朋友们，孩子在成长过程中需要经历一些小挫折，这次忘带学习用品就是一个小挫折。家长不帮忙送学习用品，让孩子学会面对和解决问题，对他们的心理成长有好处。"

6 从培养孩子解决问题能力的角度出发，向家长阐述独立应对问题对孩子能力提升的重要性。比如，老师在班级群里可以这样说："各位家长，总是帮孩子处理问题，孩子就失去了锻炼自己解决问题能力的机会。这次不送，让孩子自己想办法，有助于提高他们的应对能力。"

7 从孩子未来独立生活的角度出发，提醒家长现在的过度包办不利于孩子未来的独立。老师可以这样说："家长们，孩子总有一天要独立生活，如果现在连学习用品都不能自己准备好，将来怎么应对更大的挑战？这次就不送，让孩子学会为自己负责。"

与家长沟通话术

寻求合作型话术

老师A：孩子忘带学习用品您就送，这样他会更加肆无忌惮！×

老师B：家长，让孩子自己承担这次忘带学习用品的后果，才能促使他养成提前检查书包的好习惯，咱们要一起帮助他成长。√

解释说明型话术

老师A：您一直这样给孩子送忘带的学习用品，孩子都被您宠坏了，他根本不会自己整理！ ×

老师B：家长，总是给孩子送忘带的学习用品，会让孩子不珍惜您的付出，也不利于他成长。这次咱们不送，看看他是否能一点点养成提前备好学习用品的好习惯。 √

分析劝导型话术

老师A：您老这么送孩子忘记带的学习用品，同学们会笑话他的。 ×

老师B：家长，过度地帮助孩子，会影响孩子在同学心中的形象，这次让他自己解决，有助于培养他独立自主的能力，您说对吗？ √

02

告诉家长"在节假日，家长才是管理主力"

经常有家长会在节假日发消息给老师，说自己管不住孩子。其实，家长在节假日管不住孩子，往往是由多种因素造成的。

具体原因

1 孩子在学校有明确的规章制度和老师的监督，回到家后环境相对宽松，孩子的自律性下降，而家长没有及时建立起有效的约束机制。

2 家长平日对孩子溺爱，导致孩子在面对家长的管理时不以为意。

3 家长在教育孩子时缺乏方法和策略，要么过于严厉导致孩子逆反，要么过于宽松让孩子无法无天。

让家长明确自身在管理孩子过程中的核心地位，可以增强家长的责任感和使命感，不再将管孩子的责任推给老师。那么，老师应该怎样与家长正确地沟通呢？

老师应对

1 当家长在节假日发来管不住孩子的消息时，老师应先耐心倾听家长的倾诉，表达对家长的理解和共情。比如："家长，我能明白您在家管理孩子的难处，就像我在校也会遇到各种状况。不要总把'我管不住''他不听话''我没办法'挂在嘴边，这样会让孩子觉得父母真的拿他们没办法，被他们拿捏得死死的。"然后再提出具体的建议。

2 老师与家长沟通时，要结合家校合作的理念，用具体的例子和通俗易懂的语言，向家长传授一些有效的管理方法和策略。例如："您在家可以像我在学校一样，和孩子一起制订明确的规则。比如规定好每天的学习时间和玩耍时间，就像学校有课程表一样。孩子遵守规则就给予奖励，违反规则就给予相应的惩罚。"

3 老师要与家长保持沟通，关注家长在实施管理过程中的进展和困难。可以定期询问家长："上次咱们说的那些家校合作管理孩子的方法您尝试了吗？效果怎么样？"通过这种方式，让家长感受到老师的关心和支持，增强他们管理孩子的信心。

4 老师可以从培养孩子良好习惯的角度出发，真诚地向家长强调他们的重要作用。比如，老师可以这样对家长说："家长，您要知道，孩子在家的时间其实比在学校更长，所以您对于他们良好习惯的培养起着至关重要的作用。就像按时起床、自己整理房间这些看似微不足道的小事，如果您能够认真督促他们做好，长此以往，就能够让孩子逐渐养成自律的好习惯。这对他们的成长有着深远的影响。"

5 老师从亲子关系的角度出发耐心引导家长。比如，老师可以这样说："在节假日这段相对较长的时间里，您和孩子相处的时间大大增加，这无疑是增进亲子关系的绝佳机会。您不妨和孩子一起做一些有趣又有益的活动，比如一起做手工、一起进行户外运动等。在这些活动过程中，您可以巧妙地引导孩子遵守规则。这样一来，孩子会因为感受到您的陪伴和关爱，从而更愿意听从您的教导。"

6 老师从孩子心理需求的角度出发贴心提醒家长。比如，老师可以这样和家长说："家长，孩子在节假日同样有着强烈的被关注和被认可的心理需求，您要是能够多多表扬他们做得好的地方，让他们感受到自己的努力和进步被您看在眼里，他们就会更有动力去表现得更好，这样您管理起来孩子自然也会更加轻松愉快。"

7 老师从家长自身榜样力量的角度出发与家长进行诚恳的沟通。例如："家长，您要清楚，您是孩子成长过程中最重要的榜样。您在家做事如果能够有条不紊、严格遵守规则，孩子自然而然就会跟着您学习。所以，您一定要以身作则，为孩子树立一个积极正面的榜样形象哦。"

8 老师从提升家长权威的角度出发给家长提出中肯的建议。比如："家长，您要有意识地在孩子面前树立自己的权威，不能让孩子觉得您说的话可以随意忽视。当然，在这个过程中，也要特别注意方式方法，既不能过于强硬，让孩子产生逆反心理，也不能过于宽松，导致孩子无法无天。"

与家长沟通话术 💬

理解共情型话术

老师A：在家孩子就应该听您的，您多想想办法！×

老师B：家长，我知道您假期管孩子不容易，咱们家校合作，您在家多引导孩子制订学习计划，像我在学校一样给孩子明确的任务和要求。√

共情引导型话术

老师A：在家不要老惯着孩子，多给他立规矩他就听话了。×

老师B：家长，我能体会到您的无奈，您在家试着设定一些家庭规矩，比如规定看电视的时长，孩子做到了就表扬，做不到就适当批评。√

关怀跟进型话术

老师A：孩子又出现了什么新的问题了吗？上次的方法不管用？×

老师B：家长，我懂您的难处，上次说的方法您实践了吗？别着急，咱们都在学习和成长，一定能找到适合您孩子的管理方式。√

回应家长的需求，先感谢，再思考

有的家长会对老师提出很多要求，大多数家长是讲道理且对老师很尊重的，但是有时候会因沟通不畅让双方都有点小小的不愉快。尽管出发点都是为了孩子好，但为何会出现这种情况呢？

具体原因

1 家长可能对学校的教育教学安排、班级的整体情况了解不够全面，老师也未能及时清晰地向家长传达相关信息，导致家长在提要求时，老师无法立刻理解其需求的合理性和紧迫性。

2 老师在回应时可能有些简略或者委婉，使得家长觉得未被重视，从而引发误会。

3 家长和老师对孩子的教育期望存在差异。

当面对提要求的家长时，老师先予以感谢并表示会认真思考，这样能迅速拉近老师与家长之间的距离，使家长觉得自己的意见被重视。那么作为老师，我们具体应该怎样做呢？

老师应对

1 先表示感谢再给予家长充分的表达时间，不打断、不急于反驳家长。比如，家长提出希望增加孩子的户外活动时间，老师可以这样回应："非常感谢您的提议，您是希望孩子能有更多户外活动的时间，让他们锻炼身体、放松心情，是吗？"

2 深入了解家长提出的意见，并认真思考。询问家长为什么会提出这样的意见，了解他们的顾虑和担忧。例如："家长您好，感谢您提出的意见。我想更深入地了解一下：您为什么会有这样的想法呢？是不是孩子在家里有一些特别的表现让您产生了这样的担忧？"

3 提供信息并给予解释。如果家长对某些政策、方法或事件存在误解，老师可以提供准确的信息并给予解释，以帮助他们了解真相。用事实和数据支持你的观点，增强说服力。

4 给出明确的回复时间。让家长清楚知晓他们的意见会在何时得到进一步的反馈。比如："家长，非常感谢您能够如此真诚地提出宝贵的建议。为了能够更全面、更深入地思考和研究您的建议，给您一个满意且详细的回复，我会在三天内与您沟通，请您耐心等待。我一定会认真对待您的想法，不辜负您对孩子教育的关心。"

5 表示愿意共同探讨解决方案。向家长清晰地表明自己和家长是站在同一战线的，愿意和他们齐心协力为了孩子的发展而努力。例如："家长，真心感谢您提出的建议。我觉得咱们的出发点是完全一致的，都是为了给孩子创造更好的成长条件。所以，我非常愿意和您一起坐下来，共同商量，努力找到最好的解决方案。"

6 强调教育的共同责任。让家长切实明白老师和家长需要携手合作，共同教育孩子。比如："谢谢您的建议，家长。孩子的教育从来都不是单方面的责任，而是需要我们双方共同努力。只有我们齐心协力，心往一处想，劲往一处使，才能为孩子的成长之路铺上坚实的基石，让他们走得更稳、更远。"

7 分享学校的教育理念和目标，耐心解释，帮助家长更好地理解学校和老师的工作方向，从而减少误解。比如："家长，很感谢您提出的意见，这说明您对孩子的教育十分上心。接下来，我先向您详细地介绍一下学校的教育理念以及我们班级的目标。您可以看看这些教育理念和目标与您的想法是不是能够更好地融合，也希望能得到您的理解和支持。"

8 提及孩子的进步和优点，让家长深切感受到老师对孩子的关注和认可。比如："家长，特别感谢您的建议。我也要向您说一说，孩子在学校的很多方面表现得都相当不错。就像最近，孩子在课堂上发言特别积极，思维也很活跃，希望他能继续保持。"

与家长沟通话术 🗨

理解共情型话术

老师A：留的作业怎么会多呢？其他孩子都能完成。×

老师B：非常感谢您向我反映这个情况，您慢慢说，我听着。孩子一般是从几点开始写作业？写作业的过程中是否存在拖拉的现象？√

共情引导型话术

老师A：孩子上课老是注意力不集中，作为家长您也应该多教育孩子。×

老师B：感谢您的提议，我很想知道您提出这个建议的原因，是因为孩子最近在家学习注意力不太集中吗？√

关怀跟进型话术

老师A：家长，您家孩子最近成绩退步了，不完全是我给他们减少作业量的问题。×

老师B：家长您看，这是××同学近期的作业和笔记，写得很潦草，课上的重难点都没记录，作业错误率也很高，上次随堂小测难度不高，但是他却错了很多，这应该不是留的作业多少产生的问题。是不是近期有什么事情让孩子分心了，学习效果不太好呢？咱们一起找找原因，想想办法。√

04

面对家长的反馈，先理解，再建议

　　班主任是一座沟通的桥梁，需要协调家长、学生、科任老师、学校之间的关系。有的家长会投诉科任老师，班主任有的时候会很为难，不知该如何处理。

具体原因

　　1 班主任可能并不完全了解家长所反馈的问题的具体细节和背景，也不清楚科任老师在课堂上的真实情况，难以判断问题的严重程度和根源所在。

　　2 班主任既要维护科任老师的尊严和工作积极性，又要照顾家长的情绪和需求，平衡两者的关系具有一定难度。

　　3 学校对于家长投诉科任老师这类情况可能没有明确的、具体可操作的处理流程和标准，导致班主任在处理时缺乏依据和指导。

　　一名优秀的班主任也是一名优秀的"救火员"，管理好班级、调节好与同事的关系、处理好各种紧急事件是班主任的必备技能。

面对"家长投诉科任老师"这一情况，班主任该怎样处理呢？

老师应对

1 班主任首先要做的是耐心倾听，待家长叙述完毕，班主任应诚恳地告知家长："我能理解您此刻的心情，我会去全面了解情况，待情况了解清楚之后，我一定会给您回复，请您耐心等待。"

2 班主任需要向当事学生以及班级里知情的同学进行了解，进而客观地剖析导致矛盾产生的关键所在。究竟是学生向家长的描述存在偏差，还是家长对老师存在误会，抑或是科任老师确实存在不当之处。此时，班主任要保持冷静，理性地分析问题。

3 班主任还应当与科任老师进行联系，聆听科任老师的解释。倘若确实是科任老师有不妥的地方，班主任可以委婉地指出，并与科任老师共同商讨解决办法，避免今后再次出现类似的情况和矛盾。

4 在全面了解情况之后，班主任应当及时与家长进行沟通。如果问题主要出在学生或者家长的误解上，班主任可以这样说："家长，经过详细的了解，其实事情是这样的……希望您能理解。"然后耐心地解释清楚，消除家长的疑虑。如果确实是科任老师存在问题，班主任应向家长表达歉意并提出改进的建议，比如："家长，很抱歉给您带来了不好的感受，我已经和科任老师交流过了，我们决定以后这样改进……您觉得这样可以吗？"同时，班主任也可以建议家长与科任老师直接沟通，以促进双方的相互理解，比如："家长，为了更好地解决这个问题，我建议您和科任老师当面交流一下，把您的想法和期望直接告诉科任老师，这样可能会更有助于问题的解决，您看怎么样？"

5 班主任还应该持续关注后续的情况，确保问题得到了彻底的解决，并且没有留下任何隐患。班主任可以这样对家长说："家长，之后我会持续关注这件事情，您要是有任何新的想法或者问题，随时都可以和我沟通。"

6 为了避免类似的问题再次发生，班主任可以组织一次家长会，在会上强调家校合作的重要性以及沟通的正确方式。例如："各位家长，为了孩子更好地成长，希望我们今后能保持良好的沟通，有问题及时交流，共同为孩子营造一个良好的学习环境。"

7 班主任也可以在班级里开展一些关于尊重和理解的主题活动，培养学生正确对待老师教育的态度，同时增强班级的凝聚力和和谐氛围。

8 定期与科任老师交流，了解他们在教学和管理中可能遇到的问题，提前预防和解决潜在的矛盾。比如："×× 老师，最近教学上还顺利吗？有没有遇到什么需要我协助解决的问题呢？"

与家长沟通话术 💬

安抚承诺型话术

老师A：数学老师不会平白无故批评学生的，我先问一下数学老师。×

老师B：家长您好，非常感谢您能信任我并向我反映问题，我一定会不偏不倚地处理这件事情。但在还没有全面了解事情的经过之前，我不会轻易下结论，请您也先不要激动，等待我的回复。✓

进度汇报型话术

老师A：家长，这件事着急也没有用，我要去了解一下情况。×

老师B：我已经找了好几位同学详细了解了情况，他们提供了一些很有价值的信息。同时，我也和科任老师进行了坦诚的交流，正在努力分析问题的根源，寻找最恰当的解决办法。✓

重视诉求型话术

老师A：我会和科任老师了解情况的。×

老师B：在整个处理过程中，我会把您的诉求放在重要的位置，并与科任老师认真地沟通。✓

05

面对家长的质疑，先谦逊，再展示能力

偶尔会有家长质疑老师的教学能力，这也是因为家长关心孩子的学习情况，对教学效果有较高的期待。

具体原因

1 孩子在学习上可能遇到了困难，成绩出现波动或提升不明显，家长由此认为是老师的教学方法未能有效帮助孩子克服学习上的困难。

2 家长从孩子的反馈中，觉得老师在课堂管理、作业布置或与学生的沟通方面存在不足，影响了孩子的学习积极性和学习效果。

3 学生之间的差距较大，家长认为这与老师的组织和引导能力有关。

面对部分家长"挑剔"或"出格"的要求，老师首先要明白，这些要求的提出，不是因为家长对老师或学校存在偏见，而是由于

家长对孩子的成长和教育过于关注。面对这类家长，老师要怎么和他们交流呢？

老师应对

1 要择取恰当的时机与家长进行交流，先表示谦逊地接受。比如，老师可以这样和家长沟通："您好，家长，感谢您能直言不讳。对于您的质疑，我虚心接受。"

2 展现自己的能力。比如，老师可以这样说："家长您好！我们的教学内容设计和进度安排都是根据班级整体水平来定的，虽然每个老师的教学风格不一样，但是把知识点讲透是基本要求。每个孩子的理解能力有差异，如果课堂上听不懂，可以让孩子课间来问我，课后多复习，老师对所有学生都是一视同仁的！"

3 谈话结束后，老师要进行反思和改进，尽量避免这样的情况再次发生。

4 向家长分享成功案例。比如，老师可以这样说："家长，其实之前我们也遇到过和您孩子情况比较类似的学生，当时通过我们一系列有针对性的教学措施以及家长和学生的共同努力，那个孩子的成绩在短时间内就有了非常显著的提升。所以我坚信，只要我们现在能够相互配合、齐心协力，您的孩子也一定能够克服当前的困难，取得令人满意的进步。"

与家长沟通话术 💬

自我阐述型话术

老师A：家长，我是一名有着20多年教学经验的老教师。✕

老师B：家长，您提出这样的要求我能理解，是因为您太在乎您的孩子了。其实我一直都在努力关注每个孩子的发展，也在不断提升自己的教学能力。✔

专业自信型话术

老师A：虽然我是一名年轻老师，但我一直在认真努力地对待我的学生。✕

老师B：和你们家长比起来，我确实比较年轻，在育儿方面没有你们经验丰富，但是在教学方面还是我更专业一些，我受过多年的专业培训，一直都在积累教学经验，相信在你们的配合之下，我们一定能够让孩子健康快乐地成长！✔

积极回应型话术

老师A：先看下孩子是不是学习方法有问题。✕

老师B：家长，您的想法我知道了，我会认真考虑。我也会认真分析一下，是我教学方法的问题，还是孩子学习方法的问题。✔

06

面对爱抱怨的家长，先关心再打断，有效沟通

　　无论在哪个学段，老师都可能会遇到不停抱怨的家长，造成家长不停抱怨的原因往往是多方面的。

具体原因

　　1 孩子在学校的表现未达到家长的期望，比如学习成绩不理想、课堂参与度不高、行为习惯较差等，家长认为这是老师教育不力导致的。

　　2 家长之间的相互比较和竞争心理。看到其他孩子在某些方面表现出色，而自己的孩子相对落后，就会将不满向老师发泄。

　　3 社会对教育的高度重视和焦虑情绪的传播，使得家长对学校和老师的要求过高，一旦觉得现实与期望有差距，就会通过抱怨来表达不满的情绪。

　　对于曾经向你抱怨（甚至是多次抱怨）的家长，老师如果能

做到友好善待和宽宏大量，不仅能展现出自身的职业素养和高尚品德，还能为解决问题营造一个良好的开端。那么，老师应该如何有效地化解家长的抱怨，建立起更加和谐的家校关系呢？

老师应对

1 当面对抱怨的家长时，老师应以平和的语气邀请家长坐下，为其倒杯水，然后专注地倾听家长的抱怨，不打断、不反驳。比如，老师可以这样说："家长，您先别着急，慢慢说，我在认真听。"在家长叙述的过程中，老师适当地点头表示理解，并用简短的话语表达共情，如："我能理解您的担心和着急。"

2 等家长说完，老师应以清晰、有条理的方式向家长解释学校的教育理念、教学方法以及对孩子的培养计划。针对家长提出的问题，给出具体的解决方案。

3 与家长建立起稳定且定期的沟通机制，比如明确约定每周或者每月与家长进行一次深入且全面的交流，详细地沟通孩子在学校的各种情况。在交流过程中，老师要充分展示对孩子的关注和关心，让家长感受到老师对孩子教育的重视和用心。

与家长沟通话术 💬

安抚倾听型话术

老师A：家长，还是上次的事情吗？我知道了。×

老师B：家长，您请坐，先喝口水，慢慢把您的想法都告诉我，我一定会用心倾听。√

问题解决型话术

老师A：孩子成绩不理想，我们也着急。您也说过很多次了，咱们都一起再努力努力。×

老师B：关于孩子成绩不理想的问题，我们打算这样做：会给孩子安排专门的辅导时间，同时也会和您保持密切沟通，咱们一起监督孩子完成额外的学习任务。√

反馈合作型话术

老师A：家长，您经常反馈的问题我们正在解决，但作为家长，您也要负责任。×

老师B：家长，这一周孩子在课堂上的表现有了一些进步，但作业完成的质量还有待提高，您在家多关注一下，咱们一起努力。√

07

面对难以满足的要求，用"不过……"句式提出替代方案

在教学过程中，老师时常会遭遇家长提出的难以满足的诉求。这些诉求五花八门，有些诉求甚至超出了学校的现有资源和能力范围，这使得老师在与家长沟通时面临较大的挑战。那么，为什么会出现这种情况呢？

具体原因

1 家长对孩子的过度关爱和过高期望，导致他们提出不切实际的要求，希望为孩子创造最优越的条件。

2 家长对学校的教育资源和运作方式缺乏了解，从而提出一些不符合实际情况的诉求。

3 社会竞争压力增大，家长的焦虑情绪使得他们试图通过向学校提出特殊要求来为孩子争取更多资源。

面对这类家长，老师采取恰当的沟通方式至关重要。老师与家长的有效沟通，不仅能够缓解双方的矛盾，增进彼此的理解，还有

助于形成家校合力的氛围，共同促进孩子的成长。那么，老师应该如何与这类家长进行沟通呢？

老师应对

1 耐心向家长解释学校政策和资源限制。老师可以这样说："家长，学校有统一的宿舍分配政策，是为了保证公平和资源的合理利用。不过，我们会关注孩子的住宿情况，确保环境整洁舒适。"

2 强调班级整体利益和教学计划。比如，老师可以这样和家长说："家长，教学计划是要考虑全班同学的进度和需求的。不过，针对您孩子的薄弱科目，我会额外提供一些辅导资料和建议。"

3 引导家长关注孩子自身的努力和成长。老师可以这样和家长说："家长，评选活动是基于孩子的综合表现来决定的。不过，我们更应该鼓励孩子通过自身的努力去争取，这样得到的荣誉更有意义。"

4 向家长说明学校活动安排的原则和目的。比如："家长，学校组织的户外活动是为了锻炼孩子的团队协作能力和综合素质。不过，对于您担心的安全问题，我们有完善的保障措施和应急预案。"

5 向家长解释学校师资配备的考量。例如："家长，学校在安排老师的时候会综合考虑各种因素，以确保教学质量的均衡。不过，我们会根据孩子的反馈和实际情况，适时进行调整和优化。"

6 向家长阐述学校课程设置的依据和合理性。比如："家长，课程的设置是基于教育部门的要求和孩子的全面发展需要来确定的。不过，对于您提出的增加某些课程的建议，我们会认真研究并在条件允许的情况下进行改进。"

7 向家长强调学校规章制度的重要性和必要性。老师可以这样说："家长，学校的规章制度是为了给孩子营造一个良好的学习和成长环境。不过，对于特殊情况，我们也会酌情给予考虑。"

8 向家长介绍学校设施建设的规划和进展。比如："家长，学校的设施建设是有整体规划和步骤的。不过，您提出的关于增加某项设施的诉求，我们会纳入考虑范围，并在未来的建设中予以关注。"

9 向家长介绍学校评价体系的科学性和公正性。例如："家长，学校的评价体系是经过科学设计和实践检验的，能够客观反映孩子的学习情况。不过，我们也欢迎您提出宝贵的意见，以促进我们不断完善评价体系。"

10 向家长表达对其诉求的重视和理解。比如："家长，我非常理解您提出这个诉求的初衷，是为了孩子好。不过，当前的条件确实有限，我们可以一起探讨其他可行的办法。"

与家长沟通话术

替代方案型话术

老师A：家长，公平竞争是参选的最基本的原则。×

老师B：家长，您希望您的孩子无条件参与评选的心情我能理解，但这对其他孩子不公平。不过，我们可以一起帮助孩子提升能力，让他更有竞争力。✓

给予关注型话术

老师A：家长，没有学校能单独为您的孩子制订教学计划。×

老师B：家长，学校没办法为您的孩子单独制订教学计划，因为要考虑整体教学秩序。不过，我会根据您孩子的情况在课堂上多关注他。✓

规则说明与保障承诺型话术

老师A：家长，学校的宿舍是根据国家规定建设的。×

老师B：家长，单独的豪华宿舍不符合学校规定。不过，我们会保证所有宿舍的基础设施齐全，让孩子住得安心。✓

08

区分事实与观点，妥善记录家长意见

在与家长的沟通交流中，老师常常会接收到家长提出的复杂意见，有些意见冗长且包含众多细节，这给老师的记录和后续处理带来了不小的挑战。在应对这种情况时，老师要将事实与观点清楚地区分开来记录。为什么要这样做呢？

具体原因

1 事实是客观存在的情况，观点则是个人的主观判断。若不区分开来记录，容易在后续处理时产生误解和偏差。

2 清晰区分记录事实与观点，能让老师更准确地把握问题的核心，有针对性地进行思考和解决。

3 明确事实和观点，有助于老师给出更恰当、更令家长满意的回应。

将家长意见中的事实和观点区分开记录，对老师处理问题有着重要的作用。它能提高工作效率，增强与家长的沟通效果，促进家校合作的顺利进行。那么，老师该如何做到这一点呢？

老师应对

1 在家长表达意见时，老师要全神贯注，边倾听边在心里初步区分事实和观点。例如，老师可以这样和家长沟通："家长，您说的这些我在认真听，先让我理一理。"

2 老师在记录过程中，用不同的符号或标记区分事实和观点。比如，老师可以这样和家长说："家长，我会把您说的事实部分用'F'标记，观点部分用'V'标记，这样更清晰。"

3 记录完成后，老师向家长总结并确认所记录的内容是否准确。可以说："家长，我总结一下您的意见，您看看我理解得对不对，事实是……观点是……"

4 当对家长的意见存在疑问时，老师要及时向家长求证。例如："家长，对于您提到的这部分，我不太确定是事实还是观点，能麻烦您再给我解释一下吗？"

5 对于较为复杂或混乱的表述，老师要引导家长重新梳理。比如，老师可以这样说："家长，您看您说的这块内容有点不太清晰，要不咱们一起重新捋一捋？"

6 老师根据区分好的事实和观点，分析问题的关键所在。比如："家长，从我们区分出来的情况看，问题的关键可能在于……"

7 在与家长进一步沟通时，老师要依据事实和观点进行有针对性的回应。比如："关于事实部分，情况是这样的……对于您的观点，我的看法是……"

与家长沟通话术

准确区分型话术

老师A：哎呀，您说得有点乱，我都不知道怎么记！×

老师B：家长，您说孩子最近作业完成得不好，这是事实。您觉得是老师布置作业太多，这是您的观点。我先记下来。√

有效标记型话术

老师A：家长，我知道您说的是孩子在校时和同学有冲突，还有什么？×

老师B：家长，您提到孩子在学校和同学有冲突，这是事实。您认为是对方孩子的错，这是您的观点，我标记好了。√

尊重沟通型话术

老师A：家长，您是不是就是想说孩子成绩下降了？×

老师B：家长，您说孩子成绩下降是事实，您觉得是老师留的作业量太少造成的，这是您的观点，我和您确认一下对不对。√

09

站在专业角度，安抚焦虑的家长

老师在教学过程中，经常会遇到过度焦虑的家长。他们对孩子的每一个细微表现都过度担忧，甚至影响孩子的正常成长。老师面对这样的家长时，要先从专业人士的角度与家长沟通，给出定论。

具体原因

1 从专业角度下定论，能让家长感受到老师的专业性和权威性，从而更容易建立起信任关系。

2 明确的定论能给焦虑的家长提供一个清晰的方向，有助于稳定他们的情绪。

3 防止家长在焦虑状态下过度猜测和误解，使沟通更加高效，信息传递更加准确。

老师先从专业角度下定论，对于与过度焦虑的家长沟通起着关键的作用。它能为后续的沟通搭建坚固的桥梁，有效促进问题的解决。那么，老师具体应当怎样做呢？

老师应对

1 老师可以先对学生进行专业评估，比如先全面收集学生在学校的课堂表现、作业完成情况、考试成绩等多方面的数据和信息，然后可以这样和家长沟通："家长，您的孩子最近表现很好，通过我对他的观察和了解，如果在以下几个方面改进一下，孩子的进步就会更大……"

2 为家长提供专业的分析，并提供专业的教育方法。比如，老师可以这样和家长说："家长，根据我们班级的整体情况，您孩子的这种情况不算特殊。孩子自制力差是正常情况，像上课注意力不够集中，好动，上课小动作多，忘记写作业，等等，这都不是您家孩子一个人遇到的问题。我和您说这么几个办法，您可以试试去引导孩子……"

3 老师可以向家长介绍一些成功的案例，避免家长过度焦虑。老师可以这样说："家长，孩子正值青春期，出现这样的情绪很正常，之前也有孩子跟您家的孩子情况类似，后来在老师和家长的正确引导下，那个孩子不再自闭了，所以您不用太焦虑。在学校我会多注意和他沟通，也希望您在家能多鼓励、多开导他。"

4 老师要以专业的理论为依据，为家长解读孩子的行为。例如："家长，从儿童发展心理学的角度来看，您孩子目前的这种叛逆表现，实际上是他这个年龄段的孩子寻求自我认同和独立的一种正常表现。所以您不用过于担忧。"

与家长沟通话术 💬

安抚情绪型话术

老师A：家长，孩子只是这一次没考好，您这么着急有什么用呢？ ×

老师B：家长，根据孩子近期的表现和以往的成绩，孩子这次考试没考好只是偶然现象，您不必太过焦虑。√

引用案例型话术

老师A：家长，您孩子最近上课表现非常不好，您焦虑我也着急，咱们得互相配合。×

老师B：家长，从我们班的综合状况来看，您孩子的这种表现并非个例。孩子天性活泼，自控力弱很正常，作业完成不及时、课堂上容易分神这类情况，其他孩子也有。我这儿有几个实用的方法，您在家可以尝试用一下。√

消除顾虑型话术

老师A：您就是太紧张了，所以才这么焦虑！ ×

老师B：家长，以我的专业经验判断，孩子现在的学习进度没问题，您放心！√

10

如何应对家长的意见

老师会遇到家长提出意见的情况。家长在提意见时，有时可能言辞激烈，有时可能较为委婉，但无论如何，老师都需要认真对待。

具体原因

1 良好地应对家长提出的意见能够增强家长对学校的信任，促进双方共同为孩子的成长努力。

2 通过重视家长提出的意见，老师可以发现自己在教育教学中的不足，从而有针对性地改进。

3 积极有效地应对家长提出的意见，有助于树立学校的良好形象。

老师采取正确的方法应对家长的意见非常重要。它能够化解矛盾，建立和谐的家校关系。那么，老师具体应该怎么做呢？

老师应对

1 调整心态，主动解决。老师可以这样说："家长，非常感谢您能向我反映问题，我会以积极的态度来处理，我一定想办法解决这个问题。"

2 查找根源，深入反思。比如，老师可以这样和家长沟通："家长，您提出的这个问题，我会深入去了解，看看是不是有更深层次的原因，争取从根本上解决。"

3 保持时效性。老师可以这样对家长说："家长，您放心，我会尽快处理这个问题，以免问题更加严重。"

4 展现同理心。老师可以这样对家长说："家长，我非常理解您的心情，如果是我的孩子遇到这样的情况，我也会非常着急的。"

5 力求双赢。老师可以这样对家长说："家长，出现这样的问题是学校和家长都不希望看到的，我们共同来探讨一下，看看怎样做才能让双方都满意。"

与家长沟通话术 💬

表明态度型话术

老师A：家长，这不是太大的事情，先不要这么生气。×

老师B：家长，您别生气，我马上着手处理孩子被误解的事情。√

积极回应型话术

老师A：家长，孩子成绩下滑不是学校造成的。×

老师B：家长，我会仔细调查孩子成绩下滑的真正原因。√

展现同理心型话术

老师A：家长，孩子最近的表现确实不太好，但是您把责任都归咎于学校也不客观。×

老师B：家长，我明白作为父母都希望自己的孩子更加优秀，也会寻找各种方法改变孩子的坏习惯。您先别着急，我们只要找到问题的根源，就有解决的办法。√

第三章

与同事沟通的语言艺术

01

倾听并认同，增进同事理解

在工作中，当同事向我们倾诉工作中的烦恼，却得不到我们的倾听和理解，彼此的距离就会越来越远。所以，在与同事的相处中，学会聆听和多表达对同事的认同很重要。

具体原因

1 善于倾听和认同同事，能让自己获得良好的人际关系。

2 经常聆听同事的心声，能够锻炼我们站在他人角度思考问题的能力，使我们更加善解人意。

3 与同事相处融洽，在工作中感受到相互的支持和鼓励，会让我们在工作时心情更加愉悦，从而提升整体的生活幸福感。

语言是一种非常神奇的工具，讲得好能让人如沐春风。多表达对同事的认同，就像润滑剂，能增进同事之间关系的和谐。如何高情商地表达认同，让对方听着舒服呢？

老师应对

1 多用"你说得有道理""你说得很对""我同意你的观点"这

样肯定对方观点的话语。如果同事某项工作做得很出色，您可以适时说："你这个教学论文写得真好！我非常同意你的论点！"如果发现对方有明显的错误，我们一定要及时沟通。沟通时，我们要采用一种彼此都能接受的表达方式，这样更容易达成共识，毕竟沟通感受决定沟通结果。

2 在沟通中，假如你不同意对方的观点，先不用立刻反驳，而是用"我知道你是为了我好"这种认同性语言化解对立和冲突。比如同事给你提出建议，也许你未必接受或他说得不一定对，此时你先不要直接否定对方的说法，而是说："我知道你能这么说/做，是希望咱们更加圆满地处理这件事情，同时……"

3 懂得赞赏对方提出的问题。比如可以这样说："你能敏锐地察觉到这个问题非常好，这说明你对教学工作十分上心。"

4 当同事向你倾诉工作中的困难时，你要表达理解和支持。比如，你可以这样说："我能理解你现在的处境，这确实不容易，不过我相信你有能力解决目前遇到的困难。"

5 当同事提出新的想法时，你要积极响应。比如，你可以这样说："这个想法很新颖，很有可能带来意想不到的效果，我很期待看到它的实施。"

6 如果同事在团队合作中发挥了重要作用，不要吝啬你的表扬和赞美。比如，你可以这样说："这次项目能顺利推进，你功不可没，我很佩服你的能力和担当。"

与同事沟通话术

肯定观点型话术

老师A：你这个方法还行。×

老师B：你对于提升学生写作能力的方法很有见解，我很认同你的观点。✓

接受对方好意型话术

老师A：我知道自己进行到哪了，谢谢。×

老师B：我知道你提醒我注意教学进度是为了我好，其实我已经在按学校进度进行……✓

赞赏对方提出问题型话术

老师A：很多往届的学生都这样。×

老师B：你能留意到学生最近对实验课程兴趣不高这个问题，真的很好，这表明你在教学中时刻关注着学生的状态和需求。✓

简明表达建议，提升沟通效率

在教学工作中，老师们之间相互提建议是常有的事。但有时，我们会发现自己在向同事提建议时，滔滔不绝说了很多，结果同事却一脸茫然。因此，在向同事提建议时要尽量简短地表达要点。

具体原因

1 老师们的工作都很繁忙，简短的建议能让同事快速获取关键信息，不耽误教学和其他工作。

2 避免冗长的叙述分散注意力，让同事能直接关注到核心问题。

3 简洁明了的建议更容易被同事记住和执行。

在工作中，给同事提意见首先要明白两个前提条件：为什么要提意见？怎么提意见更容易被对方接受？

老师应对

1 要看建议要不要提，值不值得提。首先要评估自己与同事之间的关系是否足够融洽和相互信任。如果平时交流较少，关系不够亲密，那么提建议时就更要谨慎，注意措辞和方式，以免让同事误解自己的意图。其次要评估建议值不值得提，只有这个建议被需要时，才有价值，才值得被提出。

2 选择合适的方式来表达我们的意见，同时还可以提供一些解决方案来改进教学方法等，以确保我们的意见能够被同事接受和理解。例如，在课间休息时，在办公室角落，可以以平和的语气开启对话："杨老师，我刚刚听了您那堂数学课，关于其中一个知识点的讲解，我有个小想法想和您交流一下。我觉得可以通过让学生亲手做一个模型的方式，来帮助他们更直观地理解，您觉得怎么样？"

3 向同事提出建议时尽量简短地表达要点。比如可以这样说："王老师，我觉得您今天讲的那节公开课很精彩，不过在引导学生讨论时，节奏要是能再紧凑点，比如把讨论时间控制在 5 分钟，可能效果会更好。"

与同事沟通话术

肯定观点型话术

老师A：刘老师，您这教案写得不行啊，作业布置得有点乱，根本没考虑学生的差异。×

老师B：刘老师，我觉得您这次的教案设计很有创意，但在作业布置方面，如果能分层安排，满足不同学生的需求，可能会更好。√

接受对方好意型话术

老师A：张老师，您组织的这次活动，安全问题考虑得不周全。×

老师B：张老师，您组织的这次课外活动很有趣，只是在安全保障上，要是能再安排几位老师协助，就更好了。√

赞赏对方提出问题型话术

老师A：李老师，您的课堂效果很好，就是知识点总结得太乱了。×

老师B：李老师，您的课堂氛围一直很活跃，不过在总结知识点时，要是能更简洁明了些，比如列个提纲，学生可能记得更牢。√

03

间接赞美，建立良好关系

　　对老师来说，如果直接赞美对方"您的课很有趣"，难免会给人留下刻意、恭维的印象。而对于不善于表达的人在表达对他人的直接赞美时，可能会略显生涩。所以，间接赞美更容易表达，也更容易拉近同事间的关系。

具体原因

　　1 间接赞美通常是在不经意的交流中流露出来的，没有刻意的痕迹，让同事觉得是真心被认可，而非出于客套。

　　2 通过间接赞美某个具体的方面，能够引发同事的兴趣，从而更容易展开深入的交流，进一步加深彼此的了解。

　　3 直接的赞美有时可能会让同事产生比较和竞争的心态，而间接赞美则相对低调，减少了这种潜在的负面影响。

　　间接赞美更加可信，也不会使人产生不自然之感。那么，老师该如何用间接赞美的方式与同事建立良好的关系呢？

老师应对

1 在与同事交流时，不经意地提及他的优点。比如可以说："上次和张老师一起带学生参加您组织的活动，张老师说您组织得特别周到，考虑了很多我们没想到的细节。"

2 对同事完成的教学任务或取得的成绩表示赞赏。例如："这次的公开课，所有老师都说您的课件制作得太精美了，对教学内容的呈现非常有帮助，您肯定花了不少心思。"

3 关注同事在工作中的付出和努力，并给予肯定。可以这样间接赞美："赵老师，最近您为了帮助学生提高成绩，经常牺牲自己的休息时间辅导学生，我们几位老师对此都特别赞赏。"

与同事沟通话术

借助他人观点型话术

老师A：王老师，你上的英语课挺好的。✗

老师B：王老师，昨天我和学生聊天，他们都说特别喜欢上您的英语课，觉得您讲解语法特别清晰易懂。✓

转述型话术

老师A：李老师，你的教学方法还可以。×

老师B：李老师，在教研会上大家都夸您的教学方法新颖独特，能激发学生的学习兴趣。√

间接评价赞美型话术

老师A：陈老师，你批改作业也够较真的。×

老师B：陈老师，我听其他班的老师说，您批改作业特别认真，总是给学生详细地批注和鼓励，学生特别喜欢！√

巧用小话题，拉近距离，驱散疏远感

在学校里，老师们平日大多埋头干教学工作，彼此间的交流常局限于教学事务，无教学事务联系的同事之间关系难免有些生疏。然而，和谐融洽的同事关系对我们的工作、心情和人际关系有很大的影响。在这种情况下，通过谈论微小的话题可以改善同事之间的关系。

具体原因

1 谈论些微小的话题，比如业余爱好、日常喜好等，能让我们更真切地认识同事，而不再只是工作上的点头之交。

2 忙碌的工作之余，聊聊轻松的小话题，比如宠物、花草等，能舒缓紧张的情绪，减轻工作压力。

3 探讨共同感兴趣的话题，比如热门影视剧、美食等，能增进彼此的感情，形成默契。

用微小的话题改善与同事的关系，对于老师们而言，是一个能够迅速拉近彼此之间关系的实用技巧。具体而言，老师应该通过怎样的方式去实践和运用这一技巧呢？

老师应对

1 选择恰当的时间和适宜的场合主动开启话题。比如，在课间休息的时候或者办公室里大家都比较清闲的时刻，主动和同事搭话："最近有一部电影特别火爆，不知道你看了没有。我真是没想到影片里的女主居然能成功减重一百斤，我觉得自己可没有那么强大的意志力做到这一点。"

2 要认真倾听并且给予积极的回应。当同事和你分享他自己的一些微小话题时，你要认真地倾听，然后积极地做出回应，可以这样表达："哇，你讲的这个旅游经历听起来真是太精彩、太带劲儿了！"

3 学会分享自己的个人经历。适当的时候分享一些生活中的小趣事，比如和同事聊天时可以这样说："我昨天在家尝试做了一道新菜，说出来你可能都不信，我突发奇想在汤圆里加了葱花和胡椒粉，没想到味道还挺特别的。"

4 当同事提及某个微小话题时，尝试积极深入地探讨。例如："你说你特别喜欢养多肉植物，那你有没有什么特别且实用的养护小窍门？我一直都对多肉植物挺感兴趣的，也尝试养过几次，可每次都养不了多久，所以特别想听听你的经验，说不定我能从中学到点精髓，把我的多肉植物也养得生机勃勃的。"

5 以幽默风趣的方式参与话题讨论，为交流增添趣味性。比如："你说你最近沉迷瑜伽，我闭上眼睛想象了一下自己做瑜伽的样子，估计我这体重得把瑜伽垫压出个大坑来，到时候瑜伽垫都得哭着喊救命。哈哈，还是你厉害，能坚持下来。"

6 主动关心同事在微小话题中提到的问题或困难。比如："听说你最近在学习摄影的过程中遇到了一些难题，我刚好在这方面有一点点经验，虽然不一定能完全解决你的问题，但说不定能给你提供一些新的思路和方向，希望能帮上你的忙。"

与同事沟通话术

借助他人观点型话术

老师A：王老师，原来您喜欢吃甜品，我就不喜欢。✕

老师B：王老师，您也喜欢吃甜品吗？我最近发现了一家特别好吃的甜品店，他家的舒芙蕾简直不要太好吃，要不要我发位置给您？✓

转述型话术

老师A：李老师，您周末又去钓鱼了？钓鱼多麻烦，还是去市场买着吃方便。✕

老师B：李老师，您周末去钓鱼了，收获咋样？都钓了什么样的鱼？听说钓鱼特别能解压，有空能不能给我科普一下？✓

询问引导型话术

老师A：陈老师，我除了参加孩子的亲子运动会，最近没啥活动。×

老师B：陈老师，我昨天去参加了我女儿的亲子运动会，岁数大了，真跑不动了，您儿子上学时您参加过亲子运动会吗？√

05

巧用提问法，化解尴尬

在学校的工作中，老师们常常会遇到涉及不同领域的交流场景。在自己不太擅长的领域交流，我们可能会感到不知所措。这时，我们可以用巧妙的提问方式来缓解自己的尴尬。

具体原因

1 通过巧妙的提问，清晰地表明自己对该话题有深入了解的意愿，向对方传递出自己并非处于一无所知的状态，而是希望向对方学习更多相关的知识。

2 积极主动地参与话题讨论，在一定程度上可以避免自己陷入无话可说的困境。

3 让对方有机会展示自己的知识和见解，缓解交流中的压力。

提问的目的绝非只为了获取一个答案。一个善于提问的人，往往能够凭借其敏锐的洞察力，透过对方给出的答案，精准地捕捉到隐藏在背后的对方的真正需求。与此同时，巧妙地运用提问的技巧，能够自然而然地缓解自身在交流中的尴尬，使交流得以顺畅且和谐地进行下去。

1 在提出需求时，以请教的方式获取建议。比如，面对数学竞赛的新题型，你可以这样提问："各位老师，对于这种复杂的数学竞赛新题型，我不太熟悉。我想请教一下：解决这类题型通常需要先掌握哪些基础知识呢？"

2 解决难题时，通过提问集思广益。比如，在参与关于新的教育政策的研讨时，如果你感到陌生，可以这样说："王老师，我知道您对这个新教育政策的解读很深刻，但我理解得还不太透彻，我想问问：这个政策在实际教学中最可能遇到的挑战是什么呢？"

3 在跨部门合作中，明确关键概念。在涉及前沿教学技术的交流中，倘若你不太了解相关领域，可以这样提问："听说现在有一种新的虚拟教学技术，我还不太清楚它的具体应用。您能给我讲讲它在课堂教学中最突出的优势在哪些方面吗？"

与同事沟通话术 💬

请教方式获取建议型话术

老师A：李老师，这比赛规则我搞不懂。✗

老师B：李老师，关于这次的英语演讲比赛规则，我不太明白，您能给我讲讲怎么才能让学生更好地准备吗？✓

集思广益型话术

老师A：张老师，这是啥评价体系，我真不明白。✗

老师B：张老师，我对这个新的课程评价体系不太熟悉。我想请教一下：在实际操作中，怎么避免评分不公平的情况呢？✓

跨部门合作型话术

老师A：陈老师，这新学习模式和技术相结合我不懂，等我了解了解。✗

老师B：陈老师，听说现在小组合作学习模式应用了新的技术支持，我不太清楚具体怎么运用。您能给我具体介绍一下吗？✓

06

巧妙扩展对方话题，打破自说自话的僵局

在老师们之间的交流中，有些老师往往更倾向于谈论自己的事情，而忽略了对方的话题。然而，良好的交流应该是相互的，老师在交流时要适时扩展对方的话题。

具体原因

1 通过扩展对方的话题，可以更深入地了解对方的想法和感受，促进心灵的交融。

2 关注对方的话题并加以扩展，能让交流更加顺畅和愉快，构建和谐的同事关系。

3 学会扩展他人的话题，有助于培养倾听和理解他人的能力。

适时扩展对方的话题，能够让我们在与同事的交流中，避免陷入自说自话的境地，真正实现心与心的沟通。那么，老师该如何做才能有效地扩展对方的话题呢？

老师应对

1 当其他老师讲述自己的教学困惑时，比如一位老师对你说"最近学生的作业完成质量不高"，这时你要认真倾听，然后通过提问进一步了解情况，如："是哪一部分作业出现的问题比较多呢？是难度太大还是学生没有理解要求？"

2 如果其他老师和我们谈论组织活动时遇到的困难，我们可以继续扩展这个话题，并结合自己的经历给出具体建议。比如："我之前组织活动也遇到过类似情况，当时我尝试了提前和学生沟通活动流程，并且准备了一些备用方案，效果还不错，你可以试试。"

3 在扩展对方的话题时，给予一定的肯定和鼓励。比如，当对方表达对某种教学方法的尝试时，我们可以这样说："我觉得你在课堂中勇于尝试新的教学方法这点非常棒，那接下来你打算怎么进一步优化呢？"

4 当对方和我们分享他在课堂管理方面的心得时，我们可以这样说："您能够如此有条理地总结出这些宝贵的经验，真的是太厉害了！不知道您在具体的实施过程中有没有遇到一些调皮捣蛋、不配合的学生呢？如果有，您是怎样巧妙地解决这些难题的呢？能不能和我们详细说一说，让大家都学习学习？"

与同事沟通话术 💬

进一步询问型话术

老师A：李老师，学生对实验兴趣不高很正常，毕竟平时接触得少。×

老师B：李老师，您说最近学生对实验兴趣不高，是不是实验设备不够先进的原因呢？√

结合自身经历丰富话题型话术

老师A：孙老师，公开课是挺重要的，不用紧张。×

老师B：孙老师，您说这次公开课准备得很辛苦，我之前也有类似经历，我当时找了其他老师一起磨课，要不您也试试？√

肯定和鼓励型话术

老师A：陈老师，您在培养学生阅读方面已经挺好的了。×

老师B：陈老师，您在培养学生阅读习惯方面做的尝试很棒，那后续您准备怎么巩固和加强呢？√

07

聚焦变化动态，用问候搭建亲近之桥

　　同事之间只围绕工作事务展开交流，往往会显得较为生硬和形式化，缺乏情感上的连接。所以，要懂得适时地关注对方的变化，用问候做开场白，能快速拉近彼此的距离。

具体原因

　　1 能够传递温暖与关怀。简单的问候能够让对方感受到被重视和被关心，营造温馨的交流氛围。

　　2 可以建立情感连接。关注对方的变化，能让彼此产生共鸣，增进情感上的交流。

　　3 提升沟通效果。以问候的方式开场，能使对方更愿意敞开心扉，促进交流的深入。

　　老师们每天忙碌于教学工作，交流时往往比较匆忙，开场白也常常简单直接，直奔工作主题。但其实，一个好的开场白能让交流更加顺畅和亲切。什么样的开场白效果更好呢？问候式、赞美式、聊天式开场白就很不错。

老师应对

1 在使用问候式开场白时，我们要充分考虑时间、环境等因素，针对对方的状况做适当的问候，以表达真诚的关怀。比如清晨见面看到对方气色很好，可以微笑着说："早上好，看你今天笑容满面，是不是有什么开心事？"

2 运用赞美式开场白时，要尽量具体而真诚。可以从对方的外在形象入手，比如"你今天的发型特别精神，整个人都容光焕发""这件衬衫的款式很适合你，显得很有气质"；也可以针对对方的工作表现给予称赞，比如"你昨天的公开课太精彩了，学生们肯定受益匪浅""你批改作业的认真劲儿，值得我们所有人学习"；等等。

3 运用聊天式开场白，从大家共同的经历展开交流。比如"上次咱们一起参加的培训，对教学很有启发，你回去实践得怎么样"。或者从轻松的生活话题切入，比如"马上要放暑假了，你有没有计划出去旅游"等。

4 巧妙地采用幽默式开场白来活跃交流气氛。比如，当看到同事急匆匆、风风火火地赶路时，你可以用轻松调侃的语气说："瞧瞧你这着急忙慌、风风火火的架势，不知道的还以为你要去拯救世界呢，是不是有什么十万火急的大事？"

5 关心式开场白也是一个相当不错的选择。比如，当发现同事最近频繁咳嗽，声音略显沙哑时，你可以满怀关切地询问："是不是最近工作太辛苦了，导致嗓子不太舒服呀？一定要多注意休息，按时吃药，好好照顾自己的身体，可别硬撑着啊。"

与同事沟通话术

关注型开场白话术

老师A：张老师，早。×

老师B：张老师，早上好！我看您今天戴着新眼镜，看起来更有学者风范了。√

赞美型开场白话术

老师A：陈老师，好。×

老师B：陈老师，您今天的妆容很精致，是不是有什么特别的活动呀？√

聊天型开场白话术

老师A：杨老师，在呢？×

老师B：杨老师，上次咱们一起参加的教学研讨会，我记得您对某个教学案例很感兴趣，后来您在自己的课上有没有运用呀？√

08

转述赞美，传递真诚

赞美是人际关系中非常重要的润滑剂，它不但能使人感到贴心与振奋，而且能使人觉得被肯定与被重视。

具体原因

1 他人的赞美能让被赞美者更坚信自己的价值和能力。

2 转述的赞美来自第三方，更具客观性和说服力。

3 当你转述别人对对方的赞美时，对方会意识到自己的优点或成就不仅被个别人注意到了，而且还在更广泛的范围内产生了积极影响。

当我们作为传递者，将从他人那里听到的对某个人的称赞转达给他时，对方的喜悦心情往往会加倍。因为这不仅是一份简单的夸奖，更是一种信任和重视。老师该如何巧妙地转述别人对对方的赞美呢？

老师应对

1 转述他人对对方的赞美要选择恰当的时机。比如教研活动结束后，大家都在交流心得的时候，你可以微笑着对老师说："李老师，上次公开课结束后，王老师私下和我交流，他特别佩服您引导学生思考的方式。他说您提出的那些问题十分巧妙，循序渐进，让学生们能够主动地深入思考，这种教学方法真的很值得我们学习和借鉴。"

2 要具体而详细地转述清楚赞美的内容。例如："张老师，前两天我在教室外听到学生们的讨论，他们说特别喜欢您讲解数学题的方式。他们说您会先让大家自己思考，然后再耐心地指出错误，最后给出清晰的解题思路，让他们一下子就明白了，感觉您特别有方法，特别用心。"

3 带着真诚的态度转述他人对对方的赞美。例如："赵老师，我在和其他老师交流时，其他老师都纷纷表示您组织活动时考虑得特别周到，安排得井井有条。从活动的流程到每一个细节，都安排得恰到好处。我也是深有同感，真心觉得您特别厉害。"

4 结合具体事例增强赞美的可信度。比如："孙老师，我听学生说，上次有个同学生病没听懂课，放学后您专门给他辅导，一直到他完全明白为止。同学们都觉得您特别有爱心，而且特别负责，他们都为有您这样的老师感到幸运。"

5 以轻松友善的语气转述他人对对方的赞美。例如："周老师，有老师和我开玩笑说，每次看到您在操场上带着学生们锻炼的身影，觉得您充满了活力，就像一个永动机，把满满的正能量传递给了大家。"

与同事沟通话术

恰当时机转述赞美型话术

老师A：孙老师，下课了？刚才我听有学生夸您课讲得不错。×

老师B：孙老师，下课了？刚才我听到几个学生说特别喜欢听您上课讲的历史故事，觉得您讲得生动有趣，让他们对历史一下子来了兴趣。√

详细描述型话术

老师A：周老师，有很多同学说您作文课上得还行。×

老师B：周老师，前两天我批改学生的作文，有好多同学都提到您在作文课上讲的写作技巧特别实用，比如如何描写细节，让他们的作文水平提高了不少。√

真诚转述赞美型话术

老师A：吴老师，别的老师说您的教学思路挺好的。×

老师B：吴老师，上次和其他老师一起备课，大家都说您的教学思路清晰明了，对教材的把握特别精准，我也特别佩服。√

09

不否定，用心倾听，成就融洽的同事关系

　　倾听的好处多多，如果你想与对方建立更紧密的关系，在交谈时就不要急于否定对方，而是主动倾听，用心来感受对方话语背后的情绪和需求。

具体原因

　　1 当你不急于否定，而是耐心倾听对方时，对方会感受到你的尊重和真诚，从而在彼此之间建立起深厚的信任。

　　2 主动倾听能让对方有足够的时间表达，在这个过程中，他们可能会更清晰地梳理自己的思路，甚至发现自己的问题所在，从而释放压力。

　　3 不被否定的交流环境能够让倾诉者更勇敢地说出自己的问题或想法。

　　正因为主动倾听有着如此重要的作用，所以我们要在日常的交

流中学会并运用这一技巧，成为更好的交流者。怎样才能做到不否定对方，成为一个主动倾听者呢？

老师应对

1 在与对方交流时，放下手中的其他事务，全神贯注地看着对方，给予对方充分的关注。例如，你正在使用电脑，可以马上最小化当前窗口，然后全神贯注地聆听同事的观点和经验分享。在同事发言的过程中，你不时点头表示理解，并适时提出有针对性的问题，以展现你正在认真思考对方所说的内容。

2 倾听过程中，倾听者通过点头、微笑或者简短的语言，如"嗯""然后呢"来鼓励对方继续表达。比如，一位老师在听同事讲述班级管理的难题时，适时点头并说："嗯，我在听，您接着说。"

3 克制自己想要插话或打断对方的冲动，让对方完整地表达自己的观点和感受。比如，在教研活动中，其他老师正在分享自己在教学方法上的创新尝试。你可能对这个方法有不同的看法，但要克制立刻反驳的冲动，而是认真聆听完同事的讲述。等分享的老师讲完后，你再以平和的语气提出自己的疑问和思考。

4 用自己的语言总结对方的主要观点，以确认自己理解得是否正确。比如，在教研活动中，一位老师讲述完新教学模式的尝试及效果后，你可以做这样的总结："您是说新教学模式提高了学生的自主学习能力，但作业完成情况有差异，对吗？"等得到这位老师的答复后，继续讨论改进方法。

5 在倾听结束后，给予对方积极的反馈和建议。例如，一位老师听完同事关于教学方法的改进思路后，可以说："我觉得您的想法很有创意，不过或许您可以在实施过程中多关注一下学生的个体差异。"

6 在倾听时避免过早地下结论或给出评判，要保持开放的心态。比如，在教研讨论中，对于一种新的教学方法，你可能觉得这种方法不可行，但请不要过早地下结论或给出评判，可以先听听其他尝试过这种方法的老师分享具体的实施过程和效果，也许会发现这种新方法在某些情况下有其独特的优势，进而为自己的教学提供新的思路。

7 当对方情绪激动时，先安抚其情绪，再引导其继续表达。例如，在与同事讨论学生的教育问题时，同事因对某个学生的处理方式产生不同意见而情绪激动。你可以先微笑着说："别激动，咱们都是为了学生好，你的担忧我能理解。先平静一下，咱们再好好探讨。"等同事情绪稍微平复后，再引导他说："那你觉得这个学生的情况更适合用什么方法来处理呢？"

与同事沟通话术 💬

专注倾听型话术

老师A：小李，你说吧。×

老师B：小李，别着急，你慢慢说，具体是哪些方面让你觉得这几个学生的状态不稳定呢？√

鼓励表达型话术

老师A：王老师，我觉得您应该再想想，我觉得……×

老师B：王老师，我听着呢，您接着讲，我觉得很受启发。然后呢？√

克制插话冲动型话术

老师A：赵老师，我觉得您说的这个问题不全面。×

老师B：赵老师，您尽管畅所欲言，这个问题我想听得全面仔细一些，等您说完咱们再一起讨论。√

10

共情为桥，缓解冲突

有些班主任班级管理得非常好，最后却不出成绩，其中有一部分原因在于学生与科任老师的关系处理不好，导致学生在科任老师的课堂上散漫，久而久之，这门学科的成绩拖了整个班的后腿。

具体原因

1 某些学科本身可能较为枯燥或难度较大，难以激发学生的兴趣。

2 班主任和科任老师没有就班级的教育目标和教学方法达成共识。

作为班主任，务必要妥善处理好学生和科任老师之间的关系，只有全体学生和科任老师齐心协力，整个班级才能更加优秀。那么，班主任应当怎样维护好学生与科任老师之间的良好关系呢？

老师应对

1 巧当"传声筒"，善做"和事佬"。当班级同学与科任老师产生"情绪摩擦"时，班主任要懂得与同事共情。为了缓解双方的矛盾，班主任可以专门组织一场班会，引导学生寻找科任老师的优点。班会结束后，班主任去找科任老师交流："我们班的学生特别喜欢您，他们觉得您有好多优点，比如教学认真负责，讲题清晰透彻，对学生关心体贴，等等。这些可都是他们实实在在的感受。"

2 洞察入微，化解冲突。在日常的教学工作中，班主任要密切关注学生和科任老师的情绪变化。一旦发现有冲突的端倪，比如学生抱怨老师的要求太严格，或者老师在办公室里提及某个学生态度不端正，要立刻分别与双方进行深入且贴心的交流。

3 以心换心，消弭师生矛盾。在处理科任老师和学生的矛盾时，我们要明确与科任老师共情的重要性，要设身处地去理解科任老师在教学中的付出、压力和期望，只有这样，我们在倾听时才能更加真诚。

4 搭建沟通桥梁，促进师生间的相互理解。班主任可以定期组织召开师生座谈会，为学生和科任老师创造面对面交流的机会，促使他们能够坦诚且毫无保留地表达各自内心的想法和期望。比如，班主任可以精心策划一个以"如何让我们的课堂更有趣更高效"为主题的座谈会，营造出轻松愉悦的氛围，让双方能够畅所欲言，尽情地分享独特的意见和建议，进而有效地增进彼此的深入了解。

5 引导学生换位思考，培养尊重意识。通过别出心裁的主题班会或者一对一的个别谈话，耐心地引导学生站在科任老师的角度去思考问题，从而深刻地理解老师严格要求背后所蕴含的良苦用心。比如，可以让学生写一篇"假如我是老师"的短文，促使学生设身处地地去想象和体会老师的处境与心情，进一步加深他们对老师工作的理解和认同。

与同事沟通话术 💬

肯定与赞美型话术

老师A：张老师，我们班同学挺爱上您的课的，您就别和孩子计较了。×

老师B：张老师，我们班同学可喜欢您的历史课啦！他们觉得您知识储备特别丰富，不管是古代史还是近现代史，您都能讲得头头是道。听您的讲解，学生感觉仿佛那些历史事件就发生在眼前。√

调解与安抚型话术

老师A：王老师，和学生别真生气，没有用。×

老师B：王老师，小洁刚才和我说，他刚刚的行为确实过分了，只是一时冲动，并非故意与您作对，您也消消气。√

共情与和解型话术

老师A：李老师，李冬知道错了。×

老师B：李老师，我了解了这件事的整个过程，换作是我也会非常生气。李冬已经认识到了错误，他希望过来给您道个歉，您看……√

11

先肯定，再营造积极的沟通氛围

在工作交流中，我们常常会遇到沟通不畅、争论不休的情况，这极大地影响了工作效率和团队合作。为何会出现这样的状况呢？这往往是因为我们没有确立共识，也未能积极肯定对方，从而导致沟通氛围不够和谐。

具体原因

1 只从自身角度出发，没有站在对方的立场考虑问题，难以理解对方的观点。

2 自己的观点阐述模糊，缺乏有力的支撑，让对方难以理解和接受。

3 没有明确双方都认可的共同目标，讨论容易偏离重点，产生分歧。

当我们遭遇与自身工作思路存在差异的领导或同事时，面对此种情形，应当怎样有效地达成共识，以推动工作高效开展呢？

老师应对

1 与同事交流时，认真倾听对方的表述并给予适当的回应，比如："我能感受到你对这个问题的重视，你提到的这点值得大家共同思考，那你看怎么解决更好呢？"

2 表达自己对教学方法的看法时，要逻辑清晰、有理有据。例如："关于这次公开课的教学设计，我从教学目标、学生特点和课程标准方面做了考量，我认为采用小组合作的方式更能激发学生的积极性。"

3 在讨论教研活动安排时突出共同目标。可以这样说："我们都希望这次教研活动能切实提升大家的教学水平，帮助学生更好地掌握知识，那咱们是不是可以多安排一些案例分析和实践操作环节？"

与同事沟通话术

先肯定，再探讨型话术

老师A：小李老师，老师时间上无法协调，所以你这个想法实现不了。×

老师B：小李老师，我觉得你提出的开展跨学科教学研讨的想法很有前瞻性，不过在协调各科老师时间方面咱们再斟酌一下怎么样？√

理解担忧，共同解决型话术

老师A：钱老师，您的提议我知道了，但我还有别的想法。×

老师B：钱老师，您对提高学生作业完成质量的担忧很关键，那我们一起研究下怎么分层布置作业更有效？√

肯定付出，征求意见型话术

老师A：孙老师，您为这次老师培训准备的资料挺丰富的，还有吗？×

老师B：孙老师，您为这次老师培训准备的资料很丰富，关于培训的形式，您有什么更好的建议吗？√

第四章

与领导沟通的
语言艺术

01

遵循总分结构，简洁汇报

　　老师有时需要向年级主任、校领导等报告工作中出现的问题，有时还需要向学校的所有教职工做汇报。做汇报时要严格遵循总分式的基本结构。倘若在汇报一件事时，不遵循总分式结构，而是先从细节着手描述，会让对方因无法领会讲话人的意图而感到困惑不已。

具体原因

　　1 领导时间有限。年级主任和校领导通常承担着众多管理职责，时间安排紧凑。如果老师在汇报工作问题时从细节开始描述，领导可能在大量琐碎信息中失去耐心。他们需要快速了解问题的全貌、严重程度、影响范围及紧急程度等关键信息，以便做出决策和指导。若被细节淹没，领导难以在短时间内把握核心，可能导致决策延误。

　　2 影响领导判断。从细节入手汇报，容易使领导在众多繁杂信息中难以梳理出关键要点。这会让领导对问题的认识变得模糊，无法准确判断问题的性质和重要性，从而难以给出有针对性的解决方案和指示。

3 降低效率。没有清晰的结构引导，领导可能需要花费更多的时间去理解汇报内容，这会降低整个汇报的效率。

总分式是做汇报的基本结构。也就是说，在做汇报时，应首先简要描述整件事的情况，然后再详细说明细节。

老师应对

1 在做汇报前，老师应先列出提纲，明确汇报的重点和层次。比如："领导，关于这次班级活动的情况，我先向您汇报一下整体效果。这次活动很成功，达到了增强班级凝聚力的目的。接下来再向您详细汇报一下这次活动的具体流程和同学们的表现。"

2 将关键信息简洁明了地表达出来，吸引听众的注意力。例如："领导，这次考试我们班的总体成绩有所提升，优秀率提高了10%。接下来我具体分析各科的成绩变化。"

3 避免冗长复杂的表述，让汇报简洁高效。例如："各位同事，这次教研活动主要是探讨新的教学方法，核心是如何提高学生的自主学习能力。下面我展开说说具体的讨论内容。"

4 先概括性地阐述问题的本质和影响，再逐步深入分析。比如："校长，这次学生之间发生的冲突事件，本质上是因为竞争压力导致的情绪失控，对班级氛围产生了一定的不良影响。接下来我向您详细汇报一下事情的经过和处理措施。"

5 在汇报成绩时，先给出总体评价，再列举具体数据做支撑。例如："主任，这次我们学科的教学成果显著，整体及格率达到了90%。接下来我向您分别汇报一下各个班级的具体及格率和优秀学生的情况。"

6 讲述工作进展时，先总结阶段性成果，再介绍后续计划。比如："各位老师，截至目前，这次课题研究已经完成了资料收集和初步分析，取得了一些有价值的发现。接下来我们打算进行深入研究和实践应用。"

7 汇报团队工作时，先总结团队的工作成果和团队精神，再分别介绍每个成员的贡献。比如："各位同事，我们团队在这次项目中取得了优异成绩，展现出了良好的协作精神。下面我逐个介绍每个成员的具体贡献和成长情况。"

与领导沟通话术

总分式话术

老师A：主任，体育课上分组，王军和李明争起来了，然后丁明也参与了进来，后来……×

老师B：主任，这次学生冲突事件，主要是一些小误会引发的。具体来说，是在体育课上分组时发生了争执。√

先汇报整体情况，再举例说明型话术

老师A：校长，校园文化节，我们先定了文艺表演，然后是书画展览，还有……×

老师B：校长，这次校园文化节的筹备工作进展顺利，各项活动安排都已就绪。比如，文艺表演的节目单已经确定。√

明确目标，再阐述措施型话术

老师A：同事们，教学改革，先说课程设置这块儿，我们打算增加实践课，还有……×

老师B：各位同事，这次教学改革方案的目标是提升教学质量。具体措施包括优化课程设置、加强老师培训等。下面我先介绍一下……√

02

展现自身价值，不揣测，提高沟通效率

在工作中，老师们常常会遇到领导布置任务不清楚或者因匆忙来不及说清楚的情况，于是有一些老师暗自揣测领导的想法。但，这样做往往并不能带来理想的效果。

具体原因

1 靠揣测容易曲解领导的真正意图，导致工作方向错误。

2 花费大量时间去揣测，不如直接沟通更高效。

3 不准确的揣测可能使最终成果不符合要求，影响工作质量。

老师应该通过有效沟通明确任务，而不是揣测领导的想法，这样做才能确保工作的准确性和高效性，提升自身的专业形象，也能为教育教学工作带来更好的效果。那么，老师应该如何积极有效地沟通呢?

老师应对

1 当遇到任务不清晰的状况时，建议老师在工作推进的过程中及时向领导汇报。比如可以这样说："领导，关于这次的教研活动安排，我初步拟订了几个方案，想向您汇报一下，听听您的意见。"

2 老师要善于抓住合适的机会向领导确认关键内容。例如可以这样说："领导，对于这次的教学改革任务，我想和您明确一下核心目标和重点方向。"

3 老师要以积极的态度主动向领导请教。例如可以这样说："领导，关于这次的课题研究，我感觉有些迷茫，您能给我一些指导意见吗？"

与领导沟通话术

主动确认重点型话术

老师A：领导，您是不是想让我重点抓纪律？ ×

老师B：领导，我对这次的班级管理任务有了一些初步想法，想和您确认下重点，是提升纪律还是增强凝聚力？ √

请求指明关键型话术

老师A：领导，您早点儿对我说清楚这些指标就好了。×

老师B：领导，关于这次的教学评估工作，我已经做了一些准备，您能给我指明一下关键指标吗？√

寻求建议型话术

老师A：领导，这次活动形式应该是什么样的呢？×

老师B：领导，对于这次的课外活动，我不太确定活动形式，您能给我些建议吗？√

明确主题，掌握电话沟通要点

与领导进行电话沟通是工作中常有的情况。然而，我们常常会看到这样的情况：有的老师与领导通话时，时长过长且未能清晰表达核心要点。有的老师则在通话中偏离主题，让交流变得混乱且低效。为何会出现这些状况呢？

具体原因

1 没有提前梳理好要交流的内容，导致思路混乱。

2 未考虑领导的工作安排，影响沟通效果。

3 语言表达不清晰，缺乏礼貌和尊重。

老师能够精准地把握与领导电话沟通的技巧，可以极大地提高沟通效率，让工作得以迅速推进，也有助于增进彼此的理解与信任。那么，老师应该如何去做呢？

老师应对

1 在给领导打电话之前，全面且深入地准备好要讨论的内容。不仅要明确核心要点，还要整理可能需要用到的数据和信息。例如："领导，关于这次教学活动的安排，我整理了详细的方案，包括活动流程、人员分工和预算情况，想向您汇报一下。"

2 充分了解领导的日常工作安排和习惯，尽量避开他们可能忙碌的时间段。比如，通过向同事打听或者查看领导的日程表，在领导相对空闲的时间进行电话沟通。如果是较为紧急的事情，也可以先发送短信或微信简要说明情况，询问何时方便通话。

3 从电话接通的那一刻起，就要始终保持礼貌、尊重的态度。用恰当的语气和措辞开场，如"领导，您好，我是×××"。在交流的过程中，语速要适中，声音要清晰，避免使用含糊不清或过于随意的语言。认真倾听领导的意见和指示并适时给予回应，如"好的，领导，我明白了"。结束通话时，表达感谢，如"感谢领导的指导，再见"，并等待领导先挂断电话。

与领导沟通话术

细致准备，礼貌询问型话术

老师A：领导，关于那个校园文化节筹备，我有点想法，嗯……可能还不太成熟。×

老师B：领导，关于这次的校园文化节筹备，我已经构想了初步的计划，涉及活动项目、预算和宣传策略，您看您什么时间方便，我跟您汇报一下？ √

恰当预约型话术

老师A：领导，周五会后您给我点时间，我想和您谈一下下学期的课程安排。×

老师B：领导，我知道您这几天在忙期末总结的工作，如果周五会后您有一点时间的话，我想和您谈一下下学期的课程安排，您看可以吗？ √

表达感谢，积极落实型话术

老师A：领导，行，我知道了。×

老师B：领导，非常感谢您给出的宝贵建议，我会按照您说的认真落实，过程中有问题再向您请教。 √

04

面对提问，给出解决方案

　　有的老师在向领导寻求帮助和指导时，往往不假思索地直接抛出一个大大的问答题，把问题的所有细节和可能的解决途径一股脑地推给领导，然后期待领导给出一个明确的答案。但事实上，这种做法在很多时候并不能达到预期的效果，反而可能会引发一系列的问题。

具体原因

　　1 问答题需要领导花费大量的时间和精力去思考和解答，加重其工作负担。

　　2 直接给出问答题，让领导觉得老师对该问题没有深入研究和思考。

　　3 领导需要从头了解问题全貌，难以迅速做出有效决策。

　　老师在向领导提出问题时提供选择题，这不仅能展现老师自身的专业素养和深度思考能力，还能极大地提高解决问题的效率，让工作得以更顺畅地推进。那么，老师应该如何去做呢？

老师应对

1 在向领导提出问题前，先对问题进行全面剖析，找出可能的解决方案。比如："领导，关于这次的教学资源分配不均的问题，我经过思考，觉得有两个方案，一是按照学科需求分配，二是按照班级人数分配，您觉得哪个更合适？"

2 为每个选项说明其优点和可能存在的风险。例如："领导，关于这次的课外活动安排，方案一是组织户外拓展，这个方案的优点是能增强团队合作，但可能费用较高。方案二是校内文化节，其成本较低，但形式相对传统。您倾向于哪个方案？"

3 考虑学校的实际情况和发展目标，提出更具针对性的选择题，比如可以这样说："领导，关于提升学生学习积极性的问题，我这有两个方案。方案一是开展学科竞赛活动，能激发学生的竞争意识和求知欲。方案二是组织学习小组互助，培养学生的合作精神和自主学习能力。考虑到学校目前的教学资源和学生特点，您觉得哪个方案更可行？"

与领导沟通话术 🗨

给出明确选项，并说明各自影响型话术

老师A：领导，教师培训定在什么时间合适？×

老师B：领导，这次教师培训的时间安排有两个选择：一是放在学期中，不影响假期，但可能会占用教学时间；二是放在暑假，老师们更能集中精力，但可能影响休息。您觉得哪个时间更合适？√

清晰阐述方案内容及侧重点型话术

老师A：领导，上次会上说的教学设施的改进内容，您看先实施哪个？×

老师B：领导，关于上次会上说的改善教学设施，方案一是先更新多媒体设备，提升教学效果，方案二是先改善教室照明，保护学生视力。您看优先考虑哪个？√

提供具体对比型话术

老师A：领导，这两位参与评选的优秀教师，您看定哪位？×

老师B：领导，这次评选优秀教师，有两位老师比较突出，一位教学成绩突出，一位教学方法创新，您觉得选谁更合适？√

05

问清需求，避免无效工作

我们常常看到有的老师在接到领导安排的任务后，就匆忙着手去做，结果却不尽如人意，甚至需要返工。这是为什么呢？

具体原因

1 对任务的要求和目的没有清晰的认识，导致工作方向错误。

2 没有提前与领导沟通工作的时间节点和步骤，导致进度缓慢。

3 不了解任务所需的人力、物力等资源，在执行中遇到困难。

老师在接受工作任务前要做好充分的沟通，这能够确保工作的准确性和高效性，也能让领导对老师的工作更加满意。所以老师应该重视工作前的沟通，避免无效劳动。

老师应对

1 在与领导沟通时，应深入探讨工作的核心目标和期望达成的具体成果。比如："领导，关于这次的教学竞赛组织工作，您希望通过这次活动达到怎样的效果？是提升学生的参与度还是选拔优秀选手？"

2 在交流时，要详细阐述对工作流程的设想，并与领导共同确定每个环节的时间安排和关键步骤。比如："领导，关于这次校园文化节的筹备工作，我初步计划先进行活动主题的征集和筛选，大概用时一周。然后根据选定的主题制订详细的活动方案，预计用时两周。接着是活动的宣传和推广，计划用时一周。活动物资的准备和场地布置安排在活动前三天完成。您觉得这样的安排是否合理，有没有需要调整的地方？"

3 积极向领导表明所需的人力、物力和财力等资源，并说明其必要性和预期效果。可以这样说："领导，这次的教育调研活动，我需要其他老师的协助以及相关的经费支持，您看可以吗？"

与领导沟通话术 💬

明确工作目标型话术

老师A：领导，班级文化建设您看着安排，我都听您的。×

老师B：领导，这次的班级文化建设活动，您是希望突出班级特色还是形成统一风格呢？ √

规划工作流程型话术

老师A：领导，这次家长会我安排了。×

老师B：领导，关于这次的家长会组织，我打算提前两周发通知，一周前准备好资料，家长会前一天完成场地布置，您觉得这样的时间安排可以吗？ √

确认资源支持型话术

老师A：领导，这次学生实践活动我接着安排？×

老师B：领导，这次的学生实践活动，我需要两名同事帮忙组织，大概需要五千元钱的活动经费，您看可以吗？ √

06

突出领导贡献，汇报工作成果

　　我们向领导做工作总结时，常常未能重点说明领导的作用以及清晰呈现工作结果，要么只是简单罗列工作事项，要么对领导的引领作用一带而过，导致领导无法全面了解工作的关键所在和自身发挥的重要作用。那么，为何会出现这种情况呢？

具体原因

　　1 没有充分认识到领导在资源调配、方向指引、策略制订等方面的关键作用，无法准确提炼并阐述其对工作结果的直接影响。

　　2 缺乏将领导的作用与工作结果有效关联的能力，不能清晰地展示领导的决策、支持和指导如何转化为具体的工作成果，使得领导难以直观地看到自身在工作中的重要价值。

　　如果我们能更深刻地体会到领导在工作中的作用，更有效地展示自己的工作能力和对工作的深入思考，那么便会更有利于下一步工作的顺利进行。我们应该如何做呢？

老师应对

1 在总结工作前，对整个工作进行全面复盘，详细梳理领导在资源调配、方向指引和策略制订等方面的具体举措，以及这些举措是如何影响工作结果的。比如："领导，您调配的骨干教师资源为我们的教研活动注入了强大动力，学生成绩提高了很多。"

2 通过具体事例和数据，清晰地展现领导的决策、支持和指导与工作成果之间的因果关系。比如："领导，因为您支持我们购买新的教学设备，现在学生们的课堂参与度明显提高了。以前主动回答问题的学生大概只有 30%，现在能达到 60%，这都是您的支持带来的改变。"

3 运用图表、数据等方式，将领导的关键作用和突出的工作结果直观地呈现给领导。比如："领导，这是这次课题研究的成果报告，左边的图表展示了在您的指导下我们改进研究方法后，研究进度相较以前有了大幅的提升。"

与领导沟通话术

点明资源调配的作用及成果型话术

老师A：领导，校园文化建设活动结束了，效果很好。×

老师B：领导，这次校园文化建设活动能取得圆满成功，多亏您调配了充足的资金，让我们能够邀请到专业的设计师，活动的满意度达到了90%以上。√

强调领导方向正确型话术

老师A：领导，这次考试成绩提高很大，家长也很高兴。×

老师B：领导，在您提出的创新教学模式引领下，我们班的期末考试优秀率从20%提升到了40%，家长对这个教学模式也特别赞许。√

体现领导支持带来的成果型话术

老师A：领导，这次教师培训效果特别好。×

老师B：领导，您批准的教师培训方案效果显著，经过培训，教师们在教学方法运用的考核方面平均分提高了 12 分，所有老师都特别高兴。√

07

准备B计划，主动承担，展示担当

我们常常会在学校遇到各种突发状况，比如临近考试，却突然发现复习资料出现错误，或者活动即将开展，设备却出了故障等。面对这些意外，有些老师不是积极应对，而是逃避问题，甚至互相推诿。那么，为什么会出现这种情况呢？

具体原因

1 有些老师并没有意识到自己在工作中应负的责任，遇到问题首先想到的是逃避。

2 对可能出现的问题估计不足，没有提前制订备用方案。

3 遇到问题时，不能与同事有效沟通，共同解决。

B计划特别重要，备用方案好比救生圈，而你要学会做那个"救生员"，扔出救生圈，挽救整个场子。这样，领导才能看到你的应急能力、做事逻辑以及临危不乱的阵势。那么我们具体应该怎么做呢？

老师应对

1 增强责任担当，主动表态。比如可以这样和领导说："领导，这次电脑机房的网络突然断了，我来处理。考试之前我担心会有这种情况发生，所以和电信公司的应急维修人员联系过。他们半小时内就能到，保证不影响学生考试时间。"

2 提前制订 B 计划并积极行动。比如可以这样和领导说："领导，对于这次校园文艺演出，我准备了 A 方案和 B 方案。如果天气不好，我们就实施 B 方案，将活动场地转移到室内，并且所有的准备工作我来负责落实。"

3 提升沟通协作能力，灵活运用 B 计划。可以像这样表达："领导，因为天气原因，原定的教师运动会无法在室外举行。我之前准备过在室内体育馆进行趣味运动比赛的方案。如果可以，我就和体育老师、参加比赛的老师沟通，我来全程把控，确保比赛顺利开展，达到锻炼和娱乐的目的。"

与领导沟通话术

提出解决方案型话术

老师A：领导，试卷印错了，我一直在联系印厂。×

老师B：领导，这次考试试卷印刷出了问题，我已经提前联系过另一个印刷厂，他们现在可以重新加急印刷，保证不耽误明天的考试。√

提前准备并及时应对型话术

老师A：领导，这次期末考试我们准备得很充分。×

老师B：领导，这次期末考试可能会因为电力故障影响考场照明，我准备了应急照明设备的备用方案，一旦出现问题马上启用。√

主动预防型话术

老师A：领导，我知道您对这次公开课的重视，都准备妥当了。×

老师B：领导，您放心，明天的公开课如果因为网络问题无法使用线上教学资源，我准备了U盘，提前拷贝好了相关资料，保证公开课能正常进行。√

08

面对批评，做好情绪管理

在工作中，每个人都难免会犯错，关键在于能否以正确的态度对待批评，能否做到"吃一堑，长一智"。有的人可能会因受到批评而产生情绪，忍不住当场反驳。但这种反应通常会使局面更加糟糕。所以，在受到批评时，如果有情绪，请暂时不要反驳。

具体原因

1 在激动的情绪下，难以冷静思考领导批评的合理性，容易做出错误的判断和冲动的回应。

2 当场反驳会让领导觉得自己不被尊重，破坏与领导之间的关系。

3 带着情绪反驳，关注点更多在于情绪的宣泄，而非问题本身的解决上。

当领导批评你时，有效的沟通是解决问题的关键。以下是一些建议，能够帮助你更好地与领导进行沟通，以应对批评并促进双方的理解和合作。

老师应对

1 你的心情可能很沮丧，情绪可能很激动，但不要让人看见。因为在公开场合暴露自己的情绪，会让领导觉得你扛不住事，情绪不稳定，以后不敢对你委以重任了。

2 当领导非常生气、劈头盖脸地说你的时候，不要急于解释，让领导充分表达意见，其间可以做些简单的回应。比如，领导指出你课堂管理存在问题，你回应："领导，您说，我在认真听。"而不是急于解释："有几个学生特别调皮，我也和他们多次沟通了。"

3 当领导批评你的时候，你千万不要想怎么解决领导的情绪，而是去想怎么解决这个问题。比如，你可以说："领导，我明白了，我有这么几个办法来补救，您看行不行？第一……第二……"这么说完，领导马上接到两个信号：第一，这人听懂了，接受了我的批评；第二，这人情绪比较稳定，反馈比较积极。领导对你的印象自然会变得好。

与领导沟通话术 💬

表达感谢型话术

老师A：领导，我下次一定注意。×

老师B：领导，多谢您指出我的不足，我会好好琢磨，争取尽快提高。√

承认错误型话术

老师A：领导，我知道错了。×

老师B：领导，我承认自己有时情绪不稳定，影响到了教学氛围和学生的学习状态，这是我做得不好的地方，我一定尽快调整。√

解决方案型话术

老师A：领导，我会努力改进的。×

老师B：领导，针对您指出的这个问题，我计划采取以下措施来改进，具体方案为……√

09

摒弃敷衍回复，向领导传递诚恳态度

老师们在学校工作中经常会收到领导或者上级的工作安排。高情商的信息回复能够让大家工作轻松愉快，并且让领导印象深刻，对自己的职业发展也有很大的帮助。

具体原因

1 使用"好的""明白""收到"能够更清晰准确地向领导传达你已经理解了工作安排和要求的信息，避免因为回复信息模糊而导致的进一步询问和解释，节省双方的时间和精力，让工作推进更加顺畅。

2 相较"嗯""哦"这些简单的字，"好的""明白""收到"更能传递出你对工作的热情和积极主动的态度，让领导相信你会认真对待并积极完成安排的工作，从而更愿意把重要的任务交给你。

3 恰当且礼貌地回复有助于营造和谐的工作氛围，增进与领导之间的信任和理解。

在回复信息时，一个"嗯"字太过于敷衍，一句"好的""收到""明白"，也许花不了几秒钟，但对别人而言却是一个明确的回音。我们应该怎样回复信息，才能让领导觉得我们是"件件有着落，事事有回应"的人呢？

老师应对

1 回复信息要清晰。当领导安排你准备一份教学案例时，你可以回复："好的，领导，我会在本周五之前完成并交给您审核。"这种回复不仅让领导清楚地知道你已经接收到任务，还明确了完成任务的时间节点，让领导心里有数。

2 回复信息要体现积极的态度。若领导提出让你修改学生成绩分析报告，你应该说："明白，领导，我会着重修改数据呈现方式和结论部分，明天下午给您新的版本。"这样的回复能够展示出你对工作的积极态度和迅速行动的决心。若你只是简单地回复"哦"，这种消极的回应会让领导觉得你对工作不够重视，缺乏积极性和主动性。

3 回复信息要明确你已经理解任务安排。当领导通知你参加一场教学研讨会时，你可以回复："收到，领导，我会提前熟悉相关主题，准时参加。"这样的回复表明你已经准确理解了领导的意图，并且做好了充分的准备。

与领导沟通话术

表达理解型话术

老师A：好的。×

老师B：好的，领导，关于这次公开课的安排我明白了，我会精心准备的。√

确认收到并表明行动型话术

老师A：嗯。×

老师B：收到，领导，您说的学生成绩分析的工作我会尽快完成。√

展现明白和执行的决心型话术

老师A：嗯。×

老师B：明白，领导，对于班级管理的新要求我会严格执行。√